# DE ICONOGRAFIE VAN EGYPTISCHE ELITEGRAVEN VAN HET OUDE RIJK

Deze uitgave is deel 3 in de reeks OPUSCULA NILIACA NOVIOMAGENSIA (ONN) van de Faulteit der Godgeleerdheid van de Katholieke Universiteit Nijmegen

*In voorbereiding:*

Deel 1
Dirk van der Plas (red.)
JOZEF M.A. JANSSEN
Leven en Werken

*Reeds verschenen:*

Deel 2
Dirk van der Plas
"...UW LIEFLIJK AANGEZICHT TE AANSCHOUWEN..."
Over plaats en functie van de zintuigen in de cultus en volksvroomheid van het Oude Egypte

*Deze uitgave is financieel mede mogelijk gemaakt door een subsidie van de Stichting Jozef M.A. Janssen.*

# OPUSCULA NILIACA NOVIOMAGENSIA

## 3

René van Walsem

## DE ICONOGRAFIE VAN EGYPTISCHE ELITEGRAVEN VAN HET OUDE RIJK

De studie van iconografieprogramma's van Egyptische elitegraven van het Oude Rijk. Theoretische en methodologische aspecten.

Katholieke *Universiteit* Nijmegen

© R. van Walsem 1994

Omslag: afbeelding van een veeoversteek uit het graf van Ti, 5$^e$ Dynastie
Omslagontwerp: P.J. Wissink, AV-dienst A-faculteiten KUN
ISBN 90-6831-716-4
D. 1995/0602/65

*VOOR REGINA*

# INHOUD

*In bepaalde opzichten zijn de mensen sedert enige*
*duizenden jaren niet merkbaar veranderd. Daartoe behoort*
*ook de vaardigheid om op artistieke wijze uitdrukking te*
*geven aan de wijze waarop de mens zijn wereld ervaart.*
*Daarom kan men wel spreken over allerlei ontwikkelingen in*
*de kunst, maar niet van vooruitgang.*
J.J. Oosten, Magie & Rede, 88

*Wat de kunst laat zien is een aspect van de reële*
*werkelijkheid, dat wordt benadrukt en uitgewerkt in een*
*fictieve werkelijkheid, zodat men het veel duidelijker*
*ziet en er veel directer mee geconfronteerd wordt dan in het*
*dagelijks leven in de regel het geval is. Iedere kunstvorm*
*heeft daarvoor zijn eigen uitdrukkingsmiddelen.*
Idem, 72

## VOORWOORD

De kern van het hier gepresenteerde essay is een combinatie en nadere uitwerking van twee eerdere voordrachten van de auteur. De eerste werd gehouden in mei 1992 op de Nederlands-Vlaamse Egyptologendag onder voorzitterschap van prof. dr. D. van der Plas te Utrecht en droeg als titel: "Enige on(der)belichte aspecten bij de studie en interpretatie van mastabascènes". De tweede was een aangepaste, uitgebreidere en uitvoerig met dia's geïllustreerde, versie van de eerste en werd gegeven ter gelegenheid van het aio/oio-seminar "Stromingen en scholen in de moderne godsdienstwetenschap" onder voorzitterschap van prof. dr. K. van der Toorn, te Ossendrecht eind september 1993 en droeg als titel: "Religieuze iconografie van het Oude Egypte: methodologische en theoretische problematiek". Vervolgens zijn deze twee voordrachten verder bewerkt en uitgebreid en als onderdeel van collegestof behandeld tijdens een reeks gastcolleges "Egyptische archeologie en kunst-geschiedenis II", die ik op uitnodiging van prof. dr. J. Quaegebeur aan de Katholieke Universiteit te Leuven heb gegeven van september 1993 tot en met januari 1994.

Dit alles is een voorlopige uitkristallisering van gedachten omtrent vragen, problemen en aspecten die zich openbaarden tijdens het met en door doctoraalstudenten sinds 1980 uitgevoerde onderzoek van de iconografie van Ouderijks elitegraven in het zogenaamde (Leidse) "mastabaproject". Voor de opzet, de oorspronkelijke vraagstellingen van het project en enige voorlopige resultaten op grond van het in 1985 verzamelde gedeelte van het totale materiaal zij verwezen naar Van Walsem, *Mastaba project* (zie bibliografie). Sindsdien zijn echter in toenemende mate, mede door de publikaties van Harpur, *Decoration*, Cherpion, *Mastabas* (beide primair descriptief en kwantificerend) en Kessler, *Bedeutung* (kwalificerend) de problemen en aspecten op de voorgrond getreden die hier belicht zullen worden. De materie is zeer complex en moeilijk, vandaar dat ik de hier geformuleerde gedachten dan ook een "essay" noem. Het is een poging een aantal aspecten zonder innerlijke tegenspraak in relatie tot het materiaal waarop ze betrekking hebben (enigszins) te ordenen. Daarbij wordt noch volledigheid in aantal, noch in diepgang van de behandelde kwesties gepretendeerd. Doel is slechts een bijdrage te leveren tot bewustwording van en begrip voor de aangesneden problematiek. Zeer inspirerend hierbij is voor mijzelf gebleken de kennismaking —via Oosten en W.F. Hermans— met Wittgensteins gedachtengoed. De vrij talrijke aan hem ontleende motto's boven verschillende hoofdstukken, dienen dan ook om deze inspiratie zichtbaar te maken en zijn noch bedoeld als een pedante demonstratie dat ondergetekende de *Philosophische Untersuchungen* gelezen heeft, noch dat hij pretendeert alles wat daarin staat te begrijpen.

Hierbij spreek ik graag mijn grote dank en waardering uit voor de vele diepgaande en enthousiaste discussies die ik met de deelnemende studenten over de in dit essay besproken materie heb kunnen voeren o.a. aan de hand van door mij gemaakte discussienotities, door hen bestudeerde en becommentarieerde literatuur en, last but not least, door hen gemaakte verslagen van detailstudies naar diverse iconografische subthema's.

X

Tenslotte dank ik Dirk van der Plas voor de uitnodiging deze materie in september 1994 in twee gastcolleges aan de Katholieke Universtiteit Nijmegen te behandelen en mijn oorspronkelijke lezing van 1992 uit te breiden en in deze vorm te publiceren.

R. van Walsem

# 1. VRAGEN

*Man muss schon etwas wissen (oder können), um nach*
*der Benennung fragen zu können. Aber was muss man wissen?*
Wittgenstein, Philosophische Untersuchungen, 30

De titel van dit boekje grenst enerzijds het materiële object van studie af, te weten de afbeeldingen die men aantreft in de graven van de Oud-egyptische elite gedurende een specifieke periode, anderzijds de aard van welomschreven aspecten die een dergelijke studie impliceert, namelijk theoretische en methodologische. De lezer zal dan ook geen integrale beschrijving plus verklaring aantreffen van een decoratie-programma dat men bijvoorbeeld in ogenschouw kan nemen in de grafkapel van Hetepherachty in het Rijksmuseum van Oudheden te Leiden, of in die van Neferirtenef in het Museum van Schone Kunsten te Brussel[1]. Centraal staan daarentegen de problemen waarmee men geconfronteerd wordt bij een wetenschappelijke benadering van de door de oude Egyptenaren nagelaten voorstellingen. Deze problemen blijken bij nader inzien en tegen wil en dank van de (enthousiaste) onderzoeker zeer complex te zijn. De auteur was zich dan ook niet bewust waaraan hij begon, toen hij in 1980 een werkcollege voorbereidde voor doctoraal-studenten met als onderwerp de decoratie van de eerder genoemde kapel in het RMO.

Ieder die een dergelijk rijk gedecoreerde ruimte betreedt en wat hij/zij ziet op zich laat inwerken wordt overstelpt door vragen. Vragen die men zich kan stellen, zoals "Wat maakt een graf een elitegraf, wat treft men er in aan, wat weerspiegelt het?" zijn per definitie expliciet. De methode (hoe kan men het onderhavige artefact op een verantwoorde en betrouw-bare manier analyseren?), evenals de theoretische fundering hiervan (welke uitgangspunten hanteert men?) waarmee de kennis is verkregen en waarop een eventueel antwoord is gebaseerd, worden echter zelden door degene die antwoordt geëxpliciteerd. Niettemin is dit van eminent belang voor het vergaren van nieuwe en/of het onderbouwen van reeds bestaande (vermeende) kennis. Het betreft hier echter complexe materie.

# 2. COMPLEXITEIT

*Die für uns wichtigsten Aspekte der Dinge sind durch*
*ihre Einfachheit und Alltäglichkeit verborgen. (Man kann*
*es nicht bemerken, —weil man es immer vor Augen hat.) Die*
*eigentlichen Grundlagen seiner Forschung fallen dem Menschen*
*gar nicht auf...*
Wittgenstein, Philosophische Untersuchungen, 129

*Um klarer zu sehen, müssen wir hier, wie in unzähligen*
*ähnlichen Fällen, die Einzelheiten der Vorgänge ins Auge*
*fassen; was vorgeht* aus der Nähe betrachten.
Idem, 51

De eerste complicatie doet zich voor met betrekking tot de persoon die een grafkapel binnen komt: een leek of een professionele egyptoloog. Beiden stellen vragen, maar deze zullen zich maar (zeer) ten dele dekken. Zo zal een leek, zeker niet in eerste instantie, geïnteresseerd zijn in de laatste van de hierboven gestelde vragen. Een belangrijk punt is evenwel dat beiden er stilzwijgend van uit gaan dat, op grond van zijn professionele kennis, de egyptoloog het beste in staat is vragen te beantwoorden. Dit betekent dat men van hem mag verwachten dat hij niet alleen in staat is vragen te beantwoorden die hij zichzelf beroepshalve stelt, maar ook die leken hem voorleggen. Verder mag men van hem eisen dat, ongeacht de herkomst van de vragen, de gegeven antwoorden zo wetenschappelijk mogelijk gefundeerd zijn.

Een andere complicatie waarvan men zich bewust moet zijn is dat naar hun aard de vragen te onderscheiden zijn in kwantitatieve en kwalitatieve. Vragen van de eerste orde ten aanzien van fig. 1 (p. 11) zijn bijv.: "Hoeveel elitegraven zijn er, hoe vaak komt een bepaalde scène voor, en/of waar komt deze voor (oriëntatie in het graf, respectievelijk plaats op de wand: onder, midden, boven)?" Met uitzondering van de eerste twee vragen zijn de gegeven antwoorden zuiver descriptief.

Hoezeer elk getalsmatig antwoord, bijv. 695[2], op de eerste vraag ook zuiver descriptief lijkt, toch is dit niet geheel juist. Als men dit antwoord zonder nadere uitleg geeft, impliceert men namelijk dat al duidelijk is wat een elitegraf is. Een antwoord op deze vraag is echter kwalitatief. Een kwalitatief antwoord kan een descriptieve component hebben (bijv. het aantal vertrekken, het aantal vierkante meters etc), maar het moet in ieder geval een interpretatieve component bevatten (bijv. welke decoratiethema's, met of zonder, welke teksten voorkomen).

Hoewel antwoord op de vraag "welke thema's treft men aan?" ook een eenvoudig descriptief antwoord lijkt te hebben, is de situatie opnieuw gecompliceerder dan zij op het eerste gezicht lijkt. Vergelijkt men het tweede register van onderen van fig. 2 (p. 18), links van de grote figuur in het midden, met het eerste register van boven van fig. 4 (p. 20), rechts van het midden, dan zal men in het eerste geval zeggen dat men twee zeshoekige voorwerpen ziet, terwijl men in het laatste geval kan spreken van een zeshoekig vogelnet. De duidelijk aanwezige vogels in fig. 4 maken dat in dit geval sprake lijkt te zijn van een (zuiver) descriptief antwoord, maar ten opzichte van fig. 2 is het deels descriptief, deels interpretatief.[3] Nu is dit een eenvoudig geval waar de interpretatie aan de oppervlakte blijft, omdat het in eerste instantie gaat om een naar de zichtbare of feitelijke realiteit verwijzende beschrijving/interpretatie. Veel gecompliceerder is de kwestie, of, en in hoeverre de scène te interpreteren valt als verwijzend naar voorbij deze realiteit (zie beneden, p. 21ff.).

Conclusie is niet alleen, dat iedere "beschrijving" die het zuiver formele overstijgt —d.w.z. die niet alleen iets zegt *van* ("twee *zeshoekige* voorwerpen"), maar ook *over* ("zeshoekig *net*") de vorm— interpretatief is, maar ook dat het woord "interpretatie" qua diepgang gehiërarchiseerd kan zijn, afhankelijk van het existentiële kader waarnaar het verwijst. Op p. 13, n. 29 en p. 21-22 komt dit nader ter sprake.

Bovenstaande complicaties komen ten volle tot uitdrukking wanneer men de volgende, in de egyptologie gebruikte, (incomplete) reeks beschrijvingen van graven nader beschouwt: 1. prehistorisch graf,

2. "mastaba"-graf[4] , 3. rotsgraf, 4. elitegraf, 5. pyramidegraf, 6. koningsgraf, 7. privégraf, 8. schijngraf, 9. familiegraf. Het enige gemeenschappelijke aan de reeks is het door substantieven en adjectieven nader gekwalificeerde woord "graf". Ook al impliceert de etymologie van het woord dat het oorspronkelijk om iets gaat dat letterlijk uitgegraven is, in het moderne Nederlands is het de meest objectieve[5] term voor iedere willekeurige plaats waar —aan direct fysiek contact onttrokken— zich de stoffelijke resten van een mens blijvend bevinden, zich zouden moeten[6] , of kunnen[7] bevinden.

Met andere woorden, een graf is pas een graf wanneer een locatie (al of niet uiterlijk gemarkeerd), op welke wijze dan ook, met een lijk verbonden is. Een aanwezig, dan wel aanwezig bedoeld[8] , lijk is dus het enige objectief vaststelbare criterium (dat tevens identiek is aan een ervaringsfeit), dat het mogelijk maakt de genoemde reeks uitspraken te vormen. Hoewel dus een lijk het centrale feit is om het woord "graf" zelfs maar in de mond te kunnen nemen, staat het in de gegeven reeks helemaal niet (nos. 1, 2, 3, 5), of zeer indirect (nos. 4, 6-9) in de belangstelling van een waarnemer. De twee groepen waarin de reeks uiteenvalt zijn bovendien zelf niet homogeen: in no. 1 staat chronologie centraal, in 2, 3 en 5 architectonische vorm, in 4, 7 en 9 sociale positie, in 6 sociale, politieke en/of religieuze positie en in 8 religieuze en/of politieke[9] . De zaak ligt echter nog gecompliceerder, doordat, afgezien van no. 5 die het nauwst overeenkomt met een Oudegyptische term[10] , de gebruikte specificerende termen niet alleen vooral iets zeggen over de door de moderne onderzoeker gehanteerde criteria, maar ook nog doordat zij niet exclusief zijn t.o.v. elkaar. Figuur 1 is namelijk tegelijk een mastaba-, een rots-, een elite- en een familiegraf[11] . Indien men, wat meestal gebeurt, slechts één term gebruikt voor een graf, onthult dit het door de waarnemer kennelijk als het dominantst ervaren (complex van) aspect(en), waarbij tegelijkertijd andere aspecten uitgesloten en/of op zijn minst onderbelicht blijven.

Ieder van de genoemde termen is echter zelf resultante van de toepassing door een onderzoeker van een set regels gebaseerd op een specifieke vraagstelling. Voor een identificatie c.q. omschrijving van de architectonische vorm van een graf hoeft men niet de(zelfde) regels toe te passen die men nodig heeft bij de analyse van voorstellingen en teksten om vast te stellen of men met een privé- of koningsgraf te doen heeft[12]. De gebruikte set regels wordt op zijn beurt (gedeeltelijk) geactiveerd door (een) bepaalde categorie(ën) signalen of tekens die a.h.w. door het object uitgezonden wordt c.q. worden. Dit betekent dat ieder artefact[13] een (complex) gecodificeerd tekensysteem is dat zo een informatie-medium vormt tussen de maker en de waarnemer[14].

Opnieuw doet zich echter een complicatie voor. Men moet namelijk onderscheid maken tussen door de maker c.q. cultuurdrager bewust bedoelde of intentionele en onbewuste informatie. Bewuste informatie is verder te onderscheiden in expliciete en impliciete. De laatste is door de eigen oftewel interne cultuurdragers betrekkelijk eenvoudig te onderkennen, maar niet voor de niet-eigen of externe cultuurdragers. Daarentegen kan de onbewuste informatie juist door de laatsten makkelijker gedetecteerd worden, bijv. door bepaalde accenten in (bij voorkeur) verschillende artefactsystemen nader te inventariseren.

Een eenvoudig en concreet voorbeeld uit onze eigen cultuur moge dit verduidelijken. Een modern op batterijen werkend, via gedigitaliseerde cijfers de tijd in honderden van seconden aangevend, kwartspolshorloge van een bepaald merk omvat alle in de vorige alinea genoemde aspecten. De expliciete en bewust bedoelde informatie is dat de primaire functie van het instrument is om de tijd aan te geven; tevens expliciet is dat, gezien de geringe afmetingen, het slechts op korte afstand van de ogen deze functie kan uitoefenen i.t.t. bijv. een staartklok. De aanwezige polsarmband maakt tevens duidelijk dat het op het lichaam gedragen wordt, terwijl de verschillen in afmetingen van zowel de kast als de armband zelfs impliciet naar de verschillende sexen (klein = vrouw, groot = man) verwijzen. Ook impliciete en nog steeds bewuste informatie is dat de dra(a)g(st)er aan de omgeving toont dat hij/zij met de tijd meegaat door geen horloge met een analoge wijzerplaat[15] te gebruiken. Voorts verwijzen de gebruikte materialen en vooral de merknaam, vanuit

6

de primaire functie gezien, impliciet naar de sociale status van de gebruiker. Deze impliciete informatie vormt de secundaire functie. Voor de cultuur-externe waarnemer/onderzoeker is vooral de "gevoelswaarde" van de verschillende merknamen bij min of meer gelijkblijvende kwaliteit moeilijk te vatten. De door de maker/gebruiker per definitie impliciet en onbewust meegedeelde, maar door de externe onderzoeker (om een bepaalde reden) expliciet en bewust gezochte informatie is bijv. dat ieder horloge van dit type getuigenis aflegt over de stand van technologie binnen de betreffende cultuur. Dit kan nader geadstrueerd worden door de onderzoeker wanneer hij andere artefactsystemen bij zijn onderzoek betrekt, zoals bijv. compact-discspelers en videorecorders. Ook hier alom tegenwoordig digitale cijfers, die naast, voor het apparaat specifieke informatie, ook de tijd aangeven. Naast het feit dat de omvang van de distributie van deze hoogtechnische artefacten inzicht geeft in de graad waarin de technologie de moderne westerse maatschappij door-drongen heeft, onthult zij, evenzeer onbedoeld, door de verfijnde tijds-mechanismen op deze apparaten, gekoppeld aan het eerder besproken type horloge, de algemene behoefte naar —welhaast obsessionele— precisie in de meting c.q. "beheersing" van het fenomeen tijd(sduur)[16] door het individu. Het betreft hier een zuiver utilitaire tijdmeting. Wanneer echter, contemporain met de hier besproken artefacten, de pedel van de Leidse universiteit, in vol ornaat gekleed, vlak voor hij het "hora est" aan het eind van een promotieplechtigheid uitspreekt, een fors zakhorloge aan ketting met fijnbewerkte wijzers en romeinse cijfers raadpleegt, is er iets anders aan de hand. Het betreft hier, vanuit het standpunt van de laatste stand van de technologie beschouwd, een anachronistische tijdmeting die, bepaald door bijv. traditionele of esthetische aspecten, al weer onbewust, een ambivalente houding t.o.v. het fenomeen tijd openbaart. Het feit dat de mens "inconsequent" is wat betreft het verschijnsel tijd(meting) onthult iets over zijn psyche.

Het interessante nu is, dat dergelijke fundamentele (psychologische) dieptestructuren door interne cultuurdragers alleen via zelfreflectie over een bepaald aspect van de eigen cultuur geëxpliciteerd kunnen worden, terwijl het voor een externe observant soms bij het eerste contact al direct duidelijk kan zijn. Zo zal de confrontatie tussen een westerling met een kwartshorloge en een Bosjesman aan beiden direct duidelijk maken dat, om een afspraak te maken voor een ontmoeting om dezelfde tijd (bijv. 12 uur) op de volgende dag, de een naar de stand van de zon kijkt en de ander naar een eigenaardig voorwerp op zijn pols. De westerling zal exact op tijd aankomen, terwijl hij de ander reeds een kwartier wachtend, of een kwartier te laat zal ontmoeten, omdat de zon in beide gevallen bij (benadering) zijn hoogste stand had bereikt. De achteloze mededeling van de westerling dat hij dankzij zijn Rollex zo mooi op tijd was zal de Bosjesman niets zeggen, maar het zal hem wel duidelijk zijn dat tussen hen beiden een fundamenteel andere houding bestaat t.o.v. het "precies" op tijd zijn.

Dit eenvoudige voorbeeld illustreert dat artefacten, mits voldoende context aanwezig is, in principe informatie kunnen verstrekken omtrent, in eerste instantie, de materiële cultuur van een (groep) mens(en) maar in tweede instantie ook omtrent immateriële aspecten van die cultuur. Voegt men hieraan de chronologische dimensie toe, dan resulteert desbetreffend onderzoek in cultuurgeschiedenis. Deze wordt echter zelf in laatste instantie bepaald door de geestesgesteldheid of mentaliteit van de cultuurdragers. De bestudering van de ontwikkeling hiervan betreft de mentaliteitsgeschiedenis.[17] Het zal echter duidelijk zijn dat (zeer) verfijnde gegevens die in het gegeven voorbeeld, dankzij de eigen contemporaine cultuurinbedding, beschikbaar waren slechts zeer ten dele aanwezig zijn, of zelfs geheel en al kunnen ontbreken bij een in tijd en plaats zeer ver verwijderde dode cultuur als de Oudegyptische. Toch moet men zich bewust zijn dat in principe vergelijkbare subtiliteiten evenzeer potentieel aanwezig zijn in de materiële i.c. de artefactuele resten van deze complexe cultuur. Dit brengt ons terug naar p. 1: welke methode(n) en theoretische uitgangspunt(en) leveren ons zowel maximale kennis als inzicht omtrent de groep mensen die "de elitegraven van het Oude Rijk (in het Memphitische gebied)" voortbrachten, zonder dat men ongefundeerde conclusies trekt?

8

# 3. GRONDBEGINSELEN: TERMEN, METHODE EN THEORIE

*Was wir zur Erklärung der Bedeutung, ich meine der*

*Wichtigkeit, eines Begriffes sagen müssen, sind oft*

*ausserordentlich allgemeine Naturtatsachen. Solche,*

*die wegen ihrer grossen Allgemeinheit kaum je erwähnt*

*werden.*

Wittgenstein, Philosophische Untersuchungen, toevoeging 142-143

## 3.1. TERMEN
### 3.1.1. ELITEGRAF

Ter voorkoming van dubbelzinnigheden en andersoortige onduidelijk-heden bij methodologische en/of theoretische kwesties is het nood-zakelijk een zo strikt mogelijk gedefinieerde terminologie te ontwikkelen en te hanteren.[18]

Aangezien, blijkens de titel, het artefact "elitegraf" het "archeologisch feit"[19] is dat de basis vormt van onze studie moet dit als eerste nader gedefinieerd worden. In een eerdere publikatie waarin de kwantitatieve vraagstelling centraal staat werd het woord "mastaba" nog gebruikt.[20] Dit woord is echter, strikt genomen, ondeugdelijk, omdat het een puur uitwendig formele beschrijving is van een architectonische bovenbouw die als graf functioneert. Over het inwendige zegt het niets, hoewel men duidelijk te maken heeft met twee typen: een (vrijwel) massieve (met een al dan niet inwendig gelegen cultuskapel) en een in verschillende gang-en kamersequenties "opgeloste" bovenbouw (fig. 5-8, p. 28-30).[21] Daar mastaba "bank" betekent, onthult deze term niets van de fysieke complexiteit die hier achter schuil gaat. Verder is de term mastaba in de egyptologie zo primair aan het Oude Rijk verbonden, dat, wanneer men vervolgens spreekt over de iconografie van de mastaba's, de suggestie onbedoeld gewekt wordt, dat in rotsgraven, die primair met het Midden Rijk verbonden zijn, andere (door het tijdsverloop bepaalde) iconografie voor zou komen. Figuur 1 toont echter dat contemporain met de mastaba, zij het in mindere mate, het rotsgraf wel degelijk in het Oude Rijk belangrijk is. Dit betekent dat men daar dus dezelfde iconografie aantreft. "Iconografie van de mastaba" impliceert dus feitelijk de voorstellingen zoals die voorkomen in de grafcomplexen, d.w.z. in de "echte" mastaba's en/of rotsgraven van de culturele bovenlaag.[22] Het substantief "elite" beschrijft deze bevolkingsgroep het adequaatst. Tenslotte sluit ons woord "graf", qua neutraliteit, het best aan bij het Oudegyptische *is*, dat zowel naar het konigsgraf, als naar het graf van de onderhavige bevolkings-klasse kan verwijzen.[23]

Samenvattend kan men dus een "elitegraf" definiëren als: een, al dan niet geheel of gedeeltelijk vrijstaand, c.q. in de rots aangelegd, uit meerdere ruimte-eenheden bestaand architectonisch complex dat, onlos-makelijk en bewust bedoeld, verbonden is met menselijke resten en dat voorzien is van iconografie en/of teksten. Naast de pure omvang van het graf die al genoeg zegt, geven teksten met titels nog eens expliciet de sociale positie van de eigenaar aan.


## 3.1.2. ICONOGRAFIE/ICONOLOGIE

Na de functionele definitie en de sociale specificatie van het artefact dat de materiële basis vormt voor het aanbrengen van decoratie verdient de term "iconografie" nadere aandacht. Het Griekse "eikoon" betekent beeld/afbeelding/voorstelling en "graphein" (be)schrijven. Iconografie is daarmee een kunsthistorische bezigheid die in eerste instantie probeert zowel 3- als 2-dimensionale beeltenissen naar hun uiterlijk te beschrijven en vervolgens hun conventionele betekenis in engere zin te analyseren door middel van praktische ervaring, resp. kennis van literaire bronnen.[24] Contrôle op de juistheid van de conclusies bieden de stijlgeschiedenis, respectievelijk de kunsthistorische typologie welke laatste kennis betreft van de weergave van thema's onder verschillende historische omstandig-heden. Erwin Panofsky (1892-1968) verfijnde en ontwikkelde deze

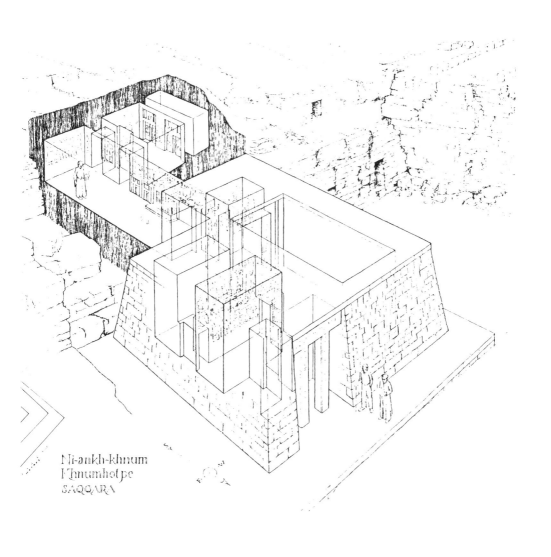

Ni-ankh-khnum
Khnumhotpe
SAQQARA

figuur 1. Het graf van Nianchchnoem en Chnoemhotep, Sakkara.

11

methode zodanig, dat hij nog een stap verder ging.[25] Na de icono-grafische analyse volgt —indien en voor zover mogelijk— een iconografische synthese, waarin gepoogd wordt, wat Panofsky noemt, de intrinsieke betekenis of inhoud te interpreteren. Hij stelt namelijk, dat naast de expliciete betekenis in ieder beschavingsproduct impliciet exponenten van het algemene culturele kader —ook wel "tijdgeest" of "Weltanschauung" te noemen— symptomatisch aanwezig zijn, die aldus een culturele "werkelijkheid" reflecteren. Van deze algemeen culturele symptomen is de maker zich overigens zelden bewust (cf. p. 6). Voor deze diepste interpretatie heeft men kennis nodig van de essentiële geestelijke stromingen. Controle op de conclusies biedt de geschiedenis van de cultuurverschijnselen in het algemeen, die toont hoe essentiële geestelijke stromingen uitgedrukt worden via speciale thema's in historisch perspectief.[26] Bij de overgang van de striktere interpretatie van de primaire ikonografische bron naar een brede cultuurhistorische inbedding gaat —in de termen van Panofsky— iconografie over in iconologie.[27]

Hoewel ontwikkeld voor de Westerse kunstgeschiedenis, is Panofsky's werkwijze door zijn universele karakter in principe op iedere cultuur toepasbaar. De impliciete fundamentele (ken)theoretische problematiek van zijn methode stipt hij echter nauwelijks aan. Deze is evenwel het tweede kardinale punt van dit hoofdstuk.

## 3.2. THEORIE EN METHODE
## 3.2.1. CLASSIFICATIE

*Der Begriff der übersischtlichen Darstellung ist*
*für uns von grundlegender Bedeutung. Er bezeichnet*
*unsere Darstellungsform, die Art, wie wir die Dinge*
*sehen. (Ist dies eine »Weltanschauung«?)*
Wittgenstein, Philosophische Untersuchungen, 122

Hier stuiten wij namelijk op het probleem dat het woord "iconografie", evenals het woord "graf" van een kwalificerend adjectief, zoals bijv. "religieuze", resp. "elite" voorzien kan worden. Dit houdt namelijk een specifieke interpretatie in na het beschrijven op het niveau van de analyse. "Religieuze voorstellingen" impliceren "niet-religieuze", zoals van "elitegraven" "niet-elite" of "modale" de tegenhangers zijn. Het betreft hier een van de —overigens niet alleen naar mijn mening— meest centrale methodologische problemen van de wetenschap als geheel, namelijk het classificeren van data.[28]

Studie van de Oudegyptische iconografie betekent namelijk het classificeren door ons van de totale "culturele werkelijkheid" van het oude Egypte, zoals die in de materiële cultuur iconisch is nagelaten. Interpretatie hiervan, en wel een die maximaal recht doet aan de door de *makers* bedoelde en ervaren boodschap omtrent hun waargenomen en geïnterpreteerde werkelijkheid —de m.i. ultieme opdracht van de egyptologie— is dus logischerwijs sterk van classificeren afhankelijk. Interpretatie van de werkelijkheid is de uitkomst van de onlosmakelijk en in deze volgorde verbonden trits handelingen: waarnemen → beschrijven → classificeren (= analyse) → interpreteren (= synthese). De scheidslijnen tussen de componenten zijn hier omwille van de helderheid van het betoog scherper getrokken dan zij in werkelijkheid zijn.[29]

Het voorgaande impliceert dat alle menselijke kennis omtrent de hem omringende werkelijkheid is gebaseerd op empirie die, zeer strikt genomen, tot in (zeer) hoge mate[30] *inductieve* conclusies of kennis om-

13

trent deze werkelijkheid leidt. In de praktijk kan men nl. niet anders dan een steekproef uit het totaal van de werkelijkheid nemen, waaruit men dan conclusies omtrent de hele werkelijkheid probeert te trekken, resulterend in wat ik voorlopig nog —in letterlijke zin— een "Weltanschauung" noem. Dit geldt zelfs voor de zo exact lijkende natuurwetenschappen. Met andere woorden alle menselijke kennis is in de kern van de zaak interpretatie en ordening van feitelijk steeksproefgewijs verkregen c.q. ervaren (deel)verzamelingen van geclassificeerde gegevens uit de hem omringende werkelijkheid. Het nemen van steekproeven is per definitie een statistische activiteit en dit betekent dat de "waarheid" van daaruit volgende uitspraken nooit absoluut kan zijn, omdat de totale populatie waaruit de steekproef genomen wordt onbekend blijft. Uitspraken bewijzen doet de statistiek dan ook nooit. Zij kan alleen de waarschijnlijkheid van uitspraken berekenen. Doch ook met rekenen moet men zich bewust zijn dat inderdaad de mens de maat van alle dingen is.[31]

## 3.2.2. DENKSTRUCTUREN

*Wie wir aber die Worte nach Arten zusammenfassen, wird*
*vom Zweck der Einteilung abhängen,- und von unserer Neigung.*
Wittgenstein, Philosophische Untersuchungen, 17

De uit zijn eigen positie in de werkelijkheid noodzakelijk voortvloeiende onvolledige kennis hieromtrent impliceert onbegrip en zadelt de mens op met een existentiële onzekerheid c.q. twijfel. Incomplete kennis omtrent een object, casu quo de werkelijkheid, maakt deze in feite onbeheersbaar en dus existentieel niet alleen onveilig maar in veel gevallen actief bedreigend: rampen, ziekte, dood.[32] Het onweerstaanbare streven tot zich handhaven via beheersing (= kennis)[33] , ook al is die in bepaalde gevallen feitelijk slechts schijn, van de materiële en immateriële leefwereld is daarom *het* drijvende streven achter iedere menselijke cultuur die

14

daarmee per definitie uitvloeisel is van de interactie mens-werkelijkheid. De graad van nagestreefde beheersing blijkt echter te verschillen: de Bosjesman verschaft zich genoeg materiële cultuur om in leven te blijven, de Westerse mens lanceert ruimtesondes om gegevens te verzamelen die de fundamentele vragen rond zijn "big-bang"-kosmologie verder moeten beantwoorden.[34]

Het feit dat wij onze technologie te hulp roepen bij het beantwoorden van kosmologische problemen betekent niet dat wij intelligenter zouden zijn, of met een —in wezen— andere werkelijkheid te maken hebben dan die van de Bosjesmannen of oude Egyptenaren. Het betreft een andere houding[35] t.o.v. deze materie, namelijk een geen vrede hebben met onze stand van kennis hierover.[36] Dit wordt, sinds de Griekse voor-socratici[37], veroorzaakt door onze onweerstaanbare neiging de feno-menen afstandelijk te beschouwen en te overdenken. Een dergelijk "perspectivisch" kijken en denken vergroot onze "waarnemingskegel". Hierdoor worden allerlei andere aspecten en/of fenomenen bij de classificatie en interpretatie van de werkelijkheid mede betrokken, die geen rol zouden kunnen spelen bij het concentreren op slechts één fenomeen (van dichtbij), zoals dit in de Egyptische cultuur het geval lijkt te zijn en waarvoor de term "aspectief"[38] in toenemend gebruik is.

Pogen de direct waarneembare werkelijkheid tot één overkoepelende consistente structuur te organiseren is niet alleen zeer verleidelijk, maar —voor de moderne westerse mens— vooral moeilijk. Immers, door de inschakeling van de technologie en de hieruit, in hoog tempo voortvloeiende, nimmer eindigende stroom nieuwe informatie is niets "definitief". De onvermijdelijke consequentie is een maximale onzekerheid t.o.v. de antwoorden omtrent de fundamenten van de existentiële werkelijkheid. Nota bene de paradox: een fundament kenmerkt zich door zekerheid, het is immers de basis van een bouwwerk en juist de Westerse cultuur maakt door haar onverzadigbare doorvragen op de eventuele antwoorden, dat dit fundament op drijfzand lijkt te rusten. Het zich niet bij een gegeven antwoord over een bepaalde stand van zaken neer leggen is de rode draad van de denkstructuur en dynamiek waarmee de Westerse mens de hem omringende werkelijkheid benadert. Stelling 5.634 in Wittgensteins *Tractatus logico-philosophicus* verwoordt dit treffend: "Alles was wir sehen, könnte auch anders sein. Alles was wir überhaupt beschreiben können, könnte auch anders sein. Es gibt keine Ordnung der Dinge a priori". Resultaat is de tot op heden hoogste graad van cultuurdynamiek die de Westerse (en de op haar georiënteerde) mensheid heeft bereikt, ondergaat en aanjaagt, en die zich manifesteert in de, op dit moment dominante, kapitalistische consumptie-maatschappij. Dit is overigens een constatering, geen waarde-oordeel.

De vraag *waarom* de (Westerse) mens zich niet kan/wil neerleggen bij een status quo van —al ging het slechts om vermeende— kennis omtrent de fundamentele kwesties, is echter een niet ondubbelzinnig te beantwoorden metafysische.

Bovenstaande uitvoerige analyse was noodzakelijk, omdat men eerst een beeld van de eigen denkstructuur voor ogen moet hebben, wil men zinvol over die van een ander kunnen spreken.

## 3.2.3. EXISTENTIE/WERKELIJKHEID

*De ervaring van de dood is algemeen menselijk en slechts*
*zelden heeft de mens zich zonder protest bij het feit van*
*zijn sterven neergelegd. Tot op zekere hoogte kan men de*
*religie beschouwen als een groots monument van dit protest.*
Th. P. Van Baaren, Wij mensen, 167, zoals geciteerd in J.J. Oosten, Magie & Rede, 77

Van alle existentiële verschijnselen ervaart de mens het fenomeen dood, door het immateriële en onvoorspelbare karakter ervan, als het meest bedreigend.[39] Binnen de op p. 14-15 geconstateerde interactie mens-werkelijkheid is het reageren op dit fenomeen dan ook een van de meest centrale exponenten, vanwege het simpele feit dat de praktijk leert dat men niet kan leven in (permanente) aanwezigheid van doden zonder meer. De levenden moeten dan ook reageren. In veel culturen, waaronder de Oudegyptische, resulteert dit —onder vele andere zaken— in een markering van de plaats waar een dode is achtergelaten: een graf.[40] Graven zijn dan ook feitelijk artefacten bestaande uit "gefossiliseerde" uitingen van 's mensen (ver)houding tot het fenomeen dood. Gezien zijn immateriële en ongrijpbare aard bezit de dood per definitie"religieuze"[41] lading en vallen eventuele voorstellingen in graven "dus", welhaast per definitie, onder "religieuze" iconografie.

Beziet men echter de wanden van de grafkapellen van de elitegraven, dan blijken zij echter grotendeels bedekt te zijn met zogenaamde"scènes uit het dagelijks leven". Nota bene, dit is een egyptologische kwalificatie, hoe de Egyptenaren ze noemden is onbekend.[42] Zij variëren van door de grafeigenaar gadegeslagen scènes van vogel- en visvangst (fig. 2, 4) tot marktscènes (fig. 3, midden) met details die op het komische af zijn, zoals een aap die een naakte jongen in het bovenbeen bijt (fig. 3, rechts boven).[43] Vallen zij nu onder religieuze iconografie, of is het beter de vraag —ondanks alle uitspraken die er in ruim 150 jaar egyptologie over gedaan zijn— te herformuleren in: "Ligt er (slechts) één en zo ja, welk concept ten grondslag aan het elitegraf (niet alleen aan het beeldprogramma) en is dit uniform?"

Alvorens hier nader op in te gaan, verdienen eerst enige andere aspecten de aandacht. Gezien het feit dat een artefact een gecodificeerd tekensysteem (cf. p. 6) is als functie van de menselijke reactie op de werkelijkheid of existentie (p. 14 ff.), is het dienstig zich af te vragen of deze laatste homogeen is en zo niet, naar welke existentiesferen (Oudegyptische) iconografie verwijst of kan verwijzen. Als *biologisch* wezen kan de mens zich immers primair registrerend en reproducerend in woord en beeld uiten over de zintuigelijk *waarneembare* werkelijkheid. Als *rationeel* wezen kan hij zich primair —eveneens in woord en beeld— interpreterend en inducerend uiten over de intellectueel *denk*bare werkelijkheid.[44] De tijdens het biologisch bestaan zintuigelijk ervaren, maar onbegrepen/onbeheersbare, fenomenen die geen tastbaar object[45] zijn, maar manifestaties van opvallende[46] "krachten", leiden tot

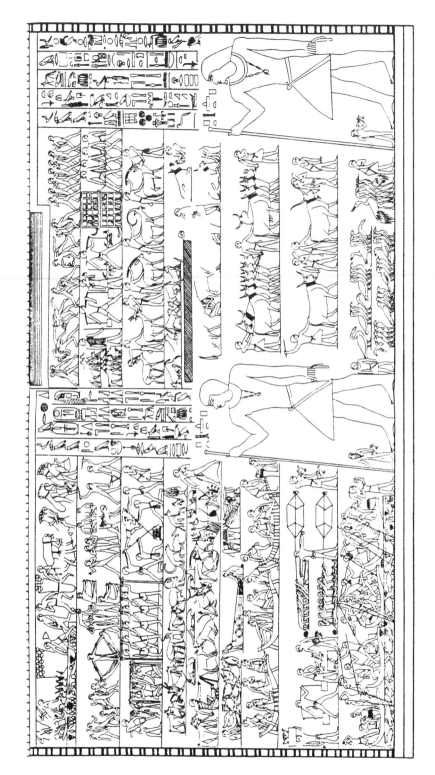

figuur 2. Een wand uit het graf van Ptahhotep, Sakkara.

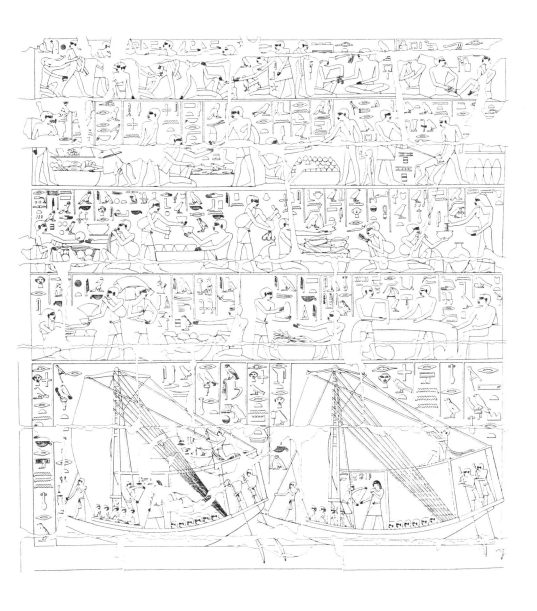

figuur 3.
Wand uit het graf van Nianchchnoem en Chnoemhotep, Sakkara.

19

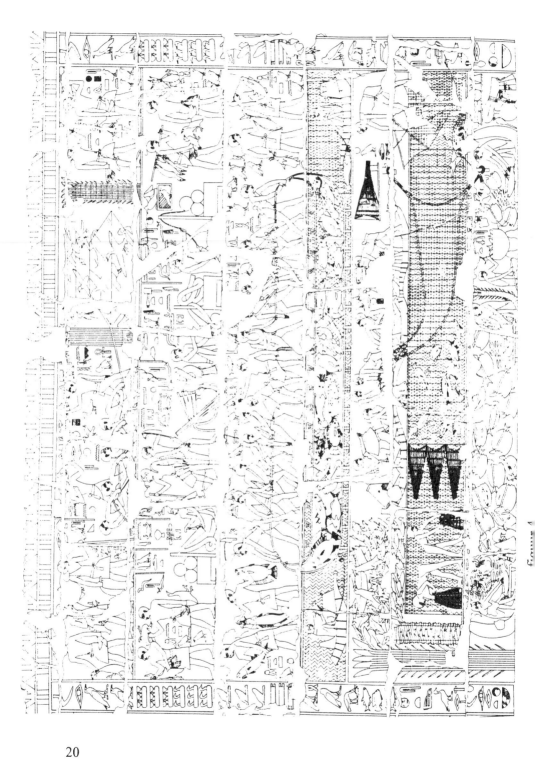

Figure 1

speculaties/ideeën die concluderen dat zij tot een andere dan de menselijke zijnssfeer (lijken te) behoren. Het fenomeen dood en de hiermee gepaard gaande zintuigelijk waarneembare —moeilijk tot niet te accepteren— desintegratie van het individu is opnieuw reden tot de veronderstelling dat hier sprake is van een overgang naar een andere zijnssfeer[47]. Op grond van het voorgaande is als basis voor de analyse en interpretatie van Egyptische iconografie onderscheid te maken tussen verschillende "werkelijkheidssferen" waarnaar verwezen wordt:

I. De *materiële* werkelijkheid. In het vervolg wordt hiervoor ook de term *reële* (in de zin van tijdens het leven voor/door iedere Egyptenaar zintuigelijk waarneembare en intellectueel realiseerbare) werkelijkheid gebruikt,[48] bijv. de scènes van fig. 2-4.

II. De *immateriële* werkelijkheid. Deze kan onderscheiden worden in:

IIa: ideologische (in de zin van tijdens het leven eensdeels ervaarbare, ten anderen dele uitsluitend voorstelbare) configuraties, bijv.: de koning overwint alleen en/of zeer groot afgebeeld, vijanden; of de grafeigenaar slaat zeer groot afgebeeld allerlei scènes gade (fig. 2).[49]

IIb: ideële (in de zin van tijdens het leven niet zintuigelijk waarneembare, maar uitsluitend voorstelbare) configuraties, bijv.: goden/koningen, al of niet in gezelschap van mensen.[50]

Bij de boven gemaakte verdeling van het iconografische "veld" dient men voor ogen te houden dat, m.u.v. de zuiver abstracte kunst van deze eeuw, alle ideële en/of ideologische iconografie is opgebouwd uit elementen die in eerste instantie rechtstreeks —en letterlijk in concreto— naar zichzelf verwijzen.[50a] Verwijzingen naar buiten zichzelf kunnen niet alleen, zoals besproken, rechtstreeks via de manier van weergeven, maar ook via bijgevoegde teksten geëxpliciteerd worden. De conclusie is daarom, dat op deze wijze gekenmerkte scènes per definitie op "direct evidente"[51] wijze een ideële/ideologische betekeniswaarde hebben, terwijl scènes die de genoemde attributen missen deze betekenis wel kunnen hebben, maar niet noodzakelijkerwijs behoeven te/moeten hebben. Het gaat ook hier dus om *gradaties* van naar buiten zichzelf verwijzende betekeniswaarde(n). Op p. 24, n. 57, pp. 32, 35, 44, 49 en 54 komen andere graduele aspecten ter sprake.


### 3.2.4. STATISTIEK

Eerst is het echter dienstig nogmaals (cf. p. 14) de eminente rol te onderstrepen die statistiek bij welke kennisverwerving dan ook speelt. Het fundamentele verschil tussen de exacte natuur- en de niet-exacte menswetenschappen is dat de eerste de dode materie beschrijven en de andere het gedrag van de mens. Daardoor zijn de eerste tot uitspraken in staat met een veel hogere waarschijnlijkheidsgraad en, daarmee direct samenhangend, voorspellend vermogen dan de alpha-vakken. Zozeer zelfs, dat men van wetten spreekt die, weliswaar slechts binnen hun geldigheidsgebied, een volledige gedetermineerdheid oftewel ontbreken van vrijheid impliceren. Het fenomeen van de in hoge mate vrije wil van de mens is bij de humaniora in letterlijke zin de spelbreker. Echter, het lagere waarschijnlijkheidsvermogen van de niet-exacte wetenschappen rechtvaardigt niet daarom maar geheel af te zien van pogingen via mathematische i.c. statistische procedures greep te krijgen op ge-dragsuitingen in de ruimste zin des woords van de op het eerste gezicht zo onberekenbare mens. In het onderhavige geval van iconografische studie onderbouwen zij op zijn minst in kwantitatieve zin, naast Panofsky's controlerende principes, de bereikte resultaten. De helaas onoverkomelijke handicap dat de oorspronkelijke cultuurdragers onze uitspraken niet rechtstreeks kunnen verifiëren, noch falsifiëren mag geen uitvlucht zijn om statistiek achterwege te laten. De egyptologie en ieder van haar deelgebieden vergroten hierdoor alleen maar hun gezag tegenover andere menswetenschappen die al veel langer met succes statistische benaderingen hanteren zoals sociologie, psychologie en culturele antropologie. Het gemeenschappelijke onderzoeksobject van deze wetenschapsgebieden is immers de mens en zijn gedrag, in al dan niet "gefossiliseerde" vorm.

Zonder in detail op de populatiestructuur van het onderhavige iconografische materiaal hier[52] in te gaan, dienen wel enige punten beknopt aangestipt te worden. In de statistiek maakt men namelijk onderscheid tussen de descriptieve of beschrijvende statistiek en de inductieve of interferentiële statistiek. De eerste bereikt haar resultaten op basis van deductief redeneren vanuit een populatie (= een geheel van gelijksoortige elementen) die volledig bekend is. De tweede maakt gebruik van een (aselecte) steekproef (= een deel van een populatie) op grond van de vooronderstelling dat deze op verkleinde schaal een correcte weerspiegeling is van de hele populatie. Met andere woorden de ene methode generaliseert van het algemene naar het bijzondere (zonder verstoring door onbekende factoren: deductie), de andere poogt algemene conclusies te trekken op basis van het bijzondere (per definitie verstoord door onbekende factoren: inductie).[53] Welke statistische invalshoek(en) wordt/en ingenomen bij de analyse van de ikonografie van de onderhavige elitegraven?

Het feit dat de egyptoloog slechts werkt met een deel van alle elitegraven die er gedurende het Oude Rijk bestaan hebben (zelfs binnen een beperkt gebied als het Memphitische) impliceert dat men met een steekproef uit die ooit bestaande populatie te doen heeft.[54] Dit suggereert dat het, naar de aard van de steekproef gerekend, een aselecte betreft i.p.v. een systematische waarbij waarnemingseenheden zich op vaste afstanden van elkaar bevinden, bijv.: iedere vijfde of tiende elitegraf.[55] Bij nader inzien blijkt dit gecompliceerder dan op het eerste gezicht lijkt. Beschouwt men de iconografische programma's van elitegraven als in zichzelf gesloten archeologische entiteiten, dan hebben na de afsluiting[56] van de werkzaamheden allerlei factoren (geheel of gedeeltelijke sloop, nog op te graven) ervoor gezorgd, dat het tot ons gekomen bestand aan elitegraven sterk lacuneus is en dus inderdaad een aselecte steekproef uit wat ooit bestaan heeft, aangezien de genoemde factoren volstrekt willekeurig al dan niet kunnen plaats vinden. Uit dit gegeven iconografische totaal kan men als egyptoloog een bewuste keuze maken voor bijv. de iconografie van de "scènes van het dagelijkse leven". Men bestudeert dan een selecte deelverzameling/populatie die echter, vanwege de hierin door de genoemde factoren ontstane lacunes, nog steeds een aselect karakter heeft ten opzichte van alle ooit bestaande "scènes van het dagelijks leven". Met andere woorden: het door ons bestudeerde totale materiaal is een steekproef waarvan het aselecte karakter bepaald is door factoren die zowel buiten ons als de oorspronkelijke grafeigenaar om actief zijn geweest. Binnen deze steekproef kan men alle "scènes van het dagelijks leven" verzamelen, waarbinnen men vervolgens alle (sub)thema's en/of attributen van (sub)thema's statistisch kan bestuderen. Op grond van het op de vorige pagina gestelde zal het duidelijk zijn dat, uit deze materiaalverzamelingen deductieve conclusies getrokken kunnen worden voor zover zij als complete populaties binnen hun eigen referentiekaders worden onderzocht, doch inductieve, voorzover ze als aselecte steekproeven buiten hun referentiekader worden geanalyseerd. Hiermee is de vraag van p. 23 omtrent de statistische invalshoek(en) beantwoord.

Mogen hiermee de belangrijkste statistische principes[57] voor de analyse van het iconografisch materiaal duidelijk zijn, voordat men dit gaat bewerken dient onze positie t.o.v. de Oudegyptische cultuur met betrekking tot onze benadering van de beschikbare beelddata op semantisch vlak nadere aandacht.


## 3.2.5. "EMISCH"/"ETISCH"

Een correcte interpretatie van de ene cultuurdrager door de andere hangt af van een zich bewust zijn van de in de archeologie en cultuurpsychologie gehanteerde polaire adjectieven *emic*/emisch en *etic*/etisch.[58] Zij zijn ontleend aan de linguïstiek waar de spraakklanken enerzijds als phonetics, als zuiver fysiologische produkten van de menselijke stem, los van een taal, bestudeerd worden, anderzijds als phonemics die karakteristiek zijn voor een specifieke taal en dus een voor die taal geldende semantische lading bezitten. Een emische benadering is dus een bestudering vanuit het cultuursysteem zelf, een etische van buiten af via externe criteria en algemene begrippen. Dit punt vormt in feite de kern van het zeer behartenswaardige betoog van Kent Weeks: *Art*, waarin de iconografie van elitegraven centraal staat, al noemt hij deze termen niet.

## 3.2.6. SELECTIE EN EXISTENTIE

*Nowadays, of course, we don't believe a word of it.*
*Or at least we don't believe a word of our version of*
*their beliefs...The vision of the Fourth Dynasty is as*
*irretrievable as the vision of one's own childhood.*
P. Lively, Moon Tiger, 114-115

Het beeldprogramma van een elitegraf confronteert ons met (een deel van) de werkelijkheid zoals de oude Egyptenaar die ervoer (zijn "input"), verwerkte (zijn "processing") en in beelden en teksten weer uitdrukte (zijn "output").[59] Bij nadere beschouwing van de output blijkt dat hij niet alles van zijn werkelijkheid vastlegde. Zo is in pyramidetempels en elitegraven de jacht door de mens op krokodillen nooit afgebeeld,[60] i.t.t. vogel-, visvangst en de jacht op het nijlpaard. De Egyptenaar maakte dus een selectie uit de door hem ervaren existentie.

Het bovenstaande maakt duidelijk dat, mocht men de misplaatste (cf. p. 23) indruk hebben dat zowel de oude Egyptenaren als wij via een aselecte steekproef de *Oudegyptische* werkelijkheid[61] tegemoet treden, men over het hoofd ziet, dat dit slechts geldt voor *ons*. Alleen een grafeigenaar die letterlijk blindelings uit een voorbeeldenboek —zo die er bestonden[62]— de iconografische (sub)thema's zou kiezen, zou eindigen met een aselecte "steekproef" uit alle bestaande (sub)thema's. Het is echter een onzinnige veronderstelling dat een Egyptenaar een spelletje "ezeltje prik" zou spelen met de decoratie van een dergelijk belangrijk monument als een graf. Men kan dan ook slechts concluderen dat, vanuit Egyptisch perspectief, een decoratieprogramma van een (elite)graf een zeer selecte samenstelling is van ooit ter beschikking staande (sub)thema's, die afhankelijk is van chronologische factoren. Het schema van de "iconografische selectieprocesstructuur" beneden illustreert dit.

ICONOGRAFISCHE SELECTIEPROCESSTRUCTUUR VAN (SUB)THEMAPROGRAMMA'S

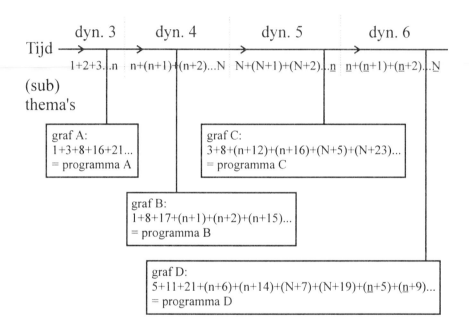

Zonder alle facetten uitvoerig te bespreken[63] verdienen de volgende punten nadere aandacht.

I. Voor graven A-D geldt dat zij nooit meer thema's kunnen bevatten dan zich links van de verbindingslijn met de tijdpijl bevinden. In theorie kunnen zij alle in dit gebied liggende thema's bevatten, maar in de praktijk vertonen zij slechts een selectie van de feitelijk beschikbare thema's, hetgeen bewezen wordt door het feit dat geen twee programma's geheel identiek zijn.

II. Men realisere zich dat de grafeigenaar niet absoluut vrij was in zijn keuze, die bepaald werd door kwalitatieve en kwantitatieve factoren. De eerste factor betreft de inhoud van het programma dat bestaat uit:

1. onmisbare[64] (sub)thema's = geen inhoudelijke keuzevrijheid, bijv.: afbeelding(en) van eigenaar, al of niet achter een offertafel gezeten, uitgestalde offers, offerbrengers.
2. misbare (sub)thema's = wel inhoudelijke keuzevrijheid, bijv.: scheepsbouw, muziek en dans, visverwerking, veeoversteek, kinderspelen etc.

De kwantitatieve factor, te weten de beschikbare muuroppervlakte, kan (theoretisch) op drie wijzen 1 en 2 mede bepalen:

a. de iconografische *variatiebreedte* van $2^{65}$: veel ruimte → veel "vrije" (sub)thema's; het graf van Ti (5e dyn.) bevat de grootste variatie van alle bekende iconografische programma's.
b. de iconografische *vormgeving* van 1+2: veel ruimte → veel toe-gevoegde en/of herhaalde elementen/motieven/details bij 1,[66] of bij kleine variatiebreedte van 2, bijv. (zeer) uitgebreide muziek- en dansgroepen, visvangstscènes of scheepsbouwscènes etc.
c. a+b kunnen beide optreden bij 2: veel ruimte → zowel grotere variatiebreedte als wel uitvoerige(r) weergave van (sommige) (sub)thema's).

III. De kwantitatieve omvang van 1 en de kwalitatieve *en* kwantita-tieve van 2 worden dus beide afzonderlijk en gezamenlijk mede bepaald door het beschikbare muuroppervlak. Te zamen worden 1-2 uitgedrukt in de selectiestructuur van de iconografische deelpopulatie "scènes van het dagelijks leven". Dit impliceert dat de configuratie van 1-2 feitelijk rechtstreeks afhangt van een "hogere" en chronologisch voorafgaande beslissing die de, aan een plattegrond gerelateerde, omvang van de beschikbare decoratieruimte vastlegde: eerst moet de architectuur er zijn,

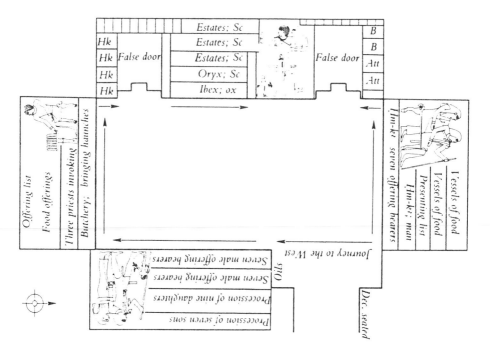

figuur 5. Plattegrond van het graf van Nesoenefer, Gizeh.

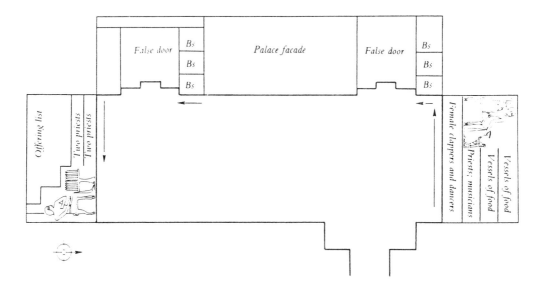

figuur 6. Plattegrond van het graf van Kaisewdja, Gizeh.

28

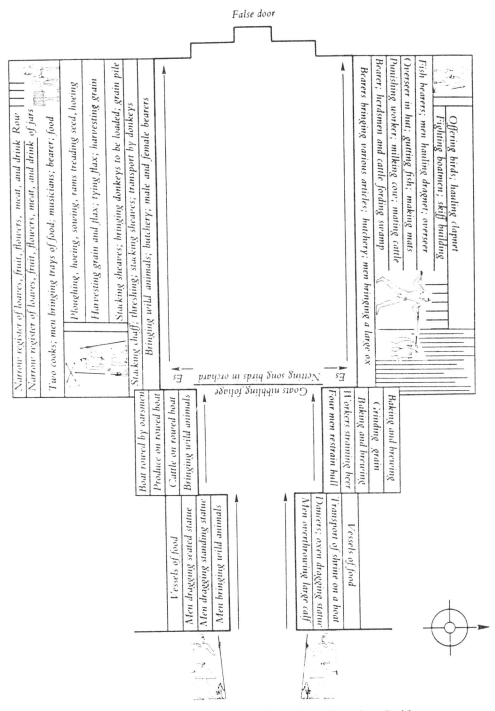

False door

figuur 7. Plattegrond van het graf van Hetepherachty, Leiden.

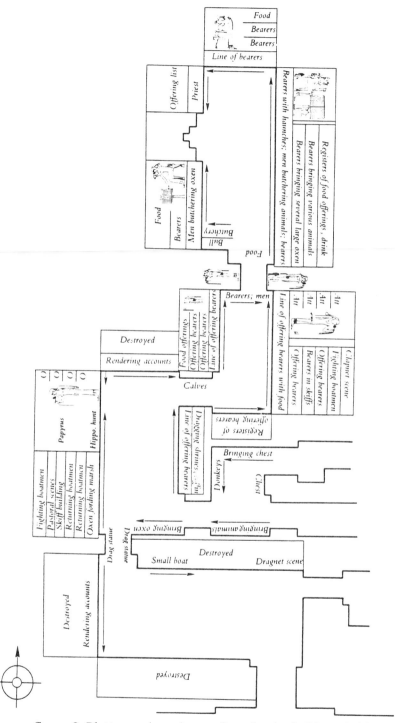

figuur 8. Plattegrond van het graf van koningin Idoet, Sakkara.

voordat met de uitvoering van het ikonografische programma begonnen kan worden (fig. 5-8). Men kan stellen dat de onderhavige iconografische populatie bestaat uit intentioneel en individueel geconcipieerde beeldprogramma's die gecomponeerd zijn via verschillende en complexe factoren van deels materiële (status/rijkdom) en immateriële aard (waarde en betekenis die men aan een elitegraf hechtte).

IV. Idealiter zouden onze data (= statistisch materiaal) een compleet gegevensbestand zijn van alle ooit geconcipieerde en geconcretiseerde (sub)thema's binnen de iconografische programma's van de elitegraven gedurende het Oude Rijk in de Memphitische regio. Men zou zo statistisch (zeer) betrouwbare conclusies betreffende verschillende vraagstellingen kunnen trekken. In absolute cijfers zou bijv. vast te leggen zijn hoe vaak welk (sub)thema op welke wand (= oriëntatie) waar (= wandcompositie) gekozen is. Het zou dan in feite gaan om het complete beeld van ieder door de grafeigenaar zelf samengesteld programma.

Twee factoren verhinderen dit:

1. de decoratie is onvoltooid (de "onmisbare" (sub)thema's zullen hier het minst van te lijden hebben, daar zij waarschijnlijk het eerst aangebracht werden).
2. de decoratie is deels verwoest →
   2a. (deels) reconstrueerbaar/identificeerbaar
   2b. definitief verloren

Hoewel er totaal verschillende oorzaken aan ten grondslag kunnen liggen[67] van hun ontbreken, zal altijd onbekend blijven welke (sub)thema's bij 1 wel gekozen waren, maar niet uitgevoerd en welke bij 2b zowel waren gekozen als ooit uitgevoerd, maar voor ons definitief verloren zijn gegaan, waarmee het voor *ons* aselecte karakter van het databestand opnieuw[68] naar voren komt.

V. Uit II en III valt samenvattend te concluderen dat bij ons onvolledig inzicht betreffende het op een bepaald moment beschikbare iconografische repertoire waaruit de individuele programma's per graf gerealiseerd zijn eerder de relatieve en bewust gehanteerde *keuzevrijheid* van de eigenaar als *de* dominante factor geldt, dan de onbedoelde en toevallige onvoltooidheid of secundaire verwoesting.

Voor het laatste geval is dit vooral duidelijk, wanneer bijv. boven een compleet register op een (zeer) lange wand een ander register, op enige nog net te identificeren resten in het midden na, volledig is verwoest. Het blijft dan onmogelijk te bepalen of de eigenaar voor andere, "korte" flankerende (sub)thema's heeft gekozen, of dat hij één (sub)thema over (een groot deel van) het hele register heeft "opgerekt". Denk bijv. aan de vissleepnetten in de vroege 4e dyn. (zeer kort: Rahotep, fig. 9) en de 6e dyn. (zeer lang: Mereroeka, fig. 10): hetzelfde thema, maar anders uitgewerkt, vooral vanwege het grotere muuroppervlak (cf. boven II,b).

Met andere woorden: ieder voor ons "nieuw" —in de praktijk vrijwel altijd incompleet[69]— programma leert ons primair iets over de voorkeur van de eigenaar waarbij de gebruikte "regels"[70] per individu variëren.

Met andere woorden wij reconstrueren uit de verschillende programmakeuzes de som van de oorspronkelijk potentieel ter keuze staande (sub)thema's. Op hun beurt indiceren de frequenties van de individuele (sub)thema's de *graad van het belang* dat de grafeigenaren hieraan hechtten. Koppeling van dit belang aan chronologie onthult een funeraire "iconografiemode" als exponent van een bepaalde mentaliteit t.o.v. het funeraire gebeuren. Op zijn beurt toont de iconografische inhoud de onderzoeker met welke "segmenten" van deze mentaliteit en/of Weltanschauung hij te maken heeft. Door de (relatieve) keuzevrijheid van de Egyptenaar, m.a.w. door de vrijwel onvoorspelbare samenstelling van een iconografieprogramma, zal men echter nooit in staat zijn de statistische populatie tot de oorspronkelijke omvang betrouwbaar aan te vullen c.q. te reconstrueren en zal men van de bestaande data moeten blijven uitgaan.

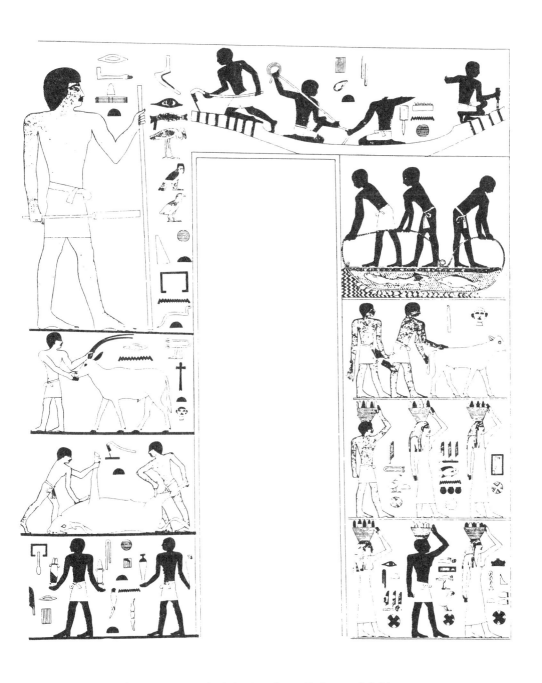

figuur 9. Wand uit het graf van Rahotep, Meidoem.

figuur 10. Deel van een wand in het graf van Mereroeka, Sakkara.

figuur 11. Wand in het graf van Neferirtenef, Brussel.

34

Met deze conclusies als basis is het m.i. legitiem, zelfs op grond van kleine aantallen, relevante uitspraken te doen, zij het dat men zich steeds bewust moet zijn van en aan moet geven *welke graad* van waarschijnlijkheid de uitspraken bezitten. De Egyptenaren zelf zijn hier in aanzienlijke mate bij behulpzaam.[71]

Deze analyse van de iconografische selectiestructuur toont aan dat —ook al komt een aantal (sub)thema's frequent voor— ieder programma een zeer selectief karakter heeft.

De basis van iedere selectie is echter de neiging tot classificeren volgens al dan niet bewuste sets regels in een complexe werkelijkheid. Dit brengt ons weer terug bij het op p. 14 en pp. 22-24 gesignaleerde centrale belang van classificatie en statistiek. Het fenomeen van een zich via een in- en output manifesterend complex systeem zonder dat de waarnemer zelf met het systeem bekend is, nl. met wat er in zit en hoe het werkt, noemt men, met een opnieuw[72] aan de algemene systeemtheorie ontleende term, een "black box".[73] De opdracht is de componenten van het systeem en de regulatoren te bepalen.

Het Oudegyptisch elitegraf is zo'n geval. Een onderzoeker selecteert een aantal attributen of kenmerken en probeert via analyse regelmatigheden te ontdekken die hem in staat stellen een werkhypothese, of zelfs een overkoepelende theorie over de betekenis van het elitegraf te formuleren: de eerder genoemde inductie.[74] De conclusie is bijv. dat het om een graf gaat, waarvan de decoratie in dienst staat van het welzijn van de dode in het hiernamaals. De volgende stap is iets over de Egyptische gedachtenwereld in het algemeen te zeggen, bijv. dat de Egyptenaren zich het hiernamaals als (vrijwel geheel) identiek aan het aardse bestaan voorstelden. De onderzoeker doet dit op grond van het "feit" dat volgens hem de in het hiernamaals verkerende "dode" is afgebeeld, terwijl deze alledaagse scènes gadeslaat: meer inductie, te meer als men zich realiseert, dat geen enkele contemporaine tekst dit ondubbelzinnig bevestigt.[75] De constatering is echter gebaseerd op de impliciete veronderstelling dat voor de Egyptenaren de plaats- en tijdsbepaling van de overleden en ter plekke begraven eigenaar (= diens post-mortale existentie), identiek zou zijn aan de als levend afgebeelde. Men zegt dan ook, m.i. ten onrechte, dat "de dode" is afgebeeld. Er is echter nooit een dode in een Ouderijks elitegraf afgebeeld, maar altijd een levende en wel de eigenaar.[76] Dat hij uiteindelijk eindigt als dode doet hier niet ter zake. Ons taalgebruik verdient hier aanpassing.

Uitspraken op grond van één elitegraf zijn niet erg betrouwbaar. Daarom betrekt de onderzoeker meer graven plus materiaal daarbuiten bij zijn onderzoek, m.a.w. hij breidt zijn steekproef uit. De extra gegevens zullen hem in staat stellen binnen de voor hem inmiddels iets minder verborgen "black box" andere en verfijndere regelmatigheden te vinden dan de eerdere enz. enz. Zo probeert hij via regelmatigheden die resulteren uit zijn (= in eerste instantie "etische") classificaties van attributen de regels met bijbehorende categorieën van het systeem uit het verleden te vinden en te interpreteren. Dit is de hermeneutische spiraal.[77]

Eén ding moet men zich echter zeer goed realiseren: de *out*put van de Egyptenaar, voorzover hij bewaard is, is de *in*put van de egyptoloog. Het is daarmee een deel van zijn totale ervaren en via classificatie beheersbaar te maken werkelijkheid/existentie. Dit deel is echter nog zo complex, dat ook hij op zijn beurt slechts een aantal attributen kan selecteren, waarvan hij *denkt* dat ze volgens de spelregels van zijn —op de Westerse logica gebaseerde— wetenschapsbeoefening, oftewel zijn interne verwerkingsproces, kunnen resulteren in voor *zijn* medemensen methodologisch verifieerbare en hieruit voortvloeiend betrouwbare uitspraken (= zijn *out*put) over de oude Egyptenaren en hun werkelijkheidsverwerking. Een juist begrip van de oude Egyptenaren impliceert dat beide outputs zoveel mogelijk overeenstemmen. Volledig samenvallen is echter onmogelijk. Alleen wanneer de onderzoeker in dezelfde tijd en plaats leefde zou dit mogelijk zijn. Over de strekking en diepgang van onze conclusies dienen we dus bescheiden te zijn. Het volgende citaat zegt precies waar het op staat: "*Vormen* van het leven en de gedachte zijn het, wier beschrijving hier beproefd is. Den wezenlijken *inhoud* te benaderen, die in die vormen heeft gerust, —zal het ooit het werk zijn van geschiedkundig onderzoek?" Aldus de laatste zin van

Huizinga's inleiding op zijn *Herfsttij der Middeleeuwen*.[78] Let wel, Huizinga spreekt slechts over "beschrijven", "interpreteren" omschrijft hij met "Den wezenlijke inhoud te benaderen", wat voor hem op dat moment kennelijk een open vraag was, die Panofsky echter bijna 20 jaar later via zijn iconologische methode meende bevestigend te kunnen beantwoorden.

# 4. PLURIFORMITEIT
## 4.1. TAALSPELEN

*Ist nicht mein Wissen, mein Begriff vom Spiel, ganz*
*in den Erklärungen ausgedrückt, die ich geben könnte!*
Wittgenstein, Philosophische Untersuchungen, 75

*Nicht um die Erklärung eines Sprachspiels durch unsre*
*Erlebnisse handelt sich's, sondern um die Feststellung*
*eines Sprachspiels.*
Idem, 655

*Und gibt es nicht auch den Fall, wo wir spielen und*
*»make up the rules as we go along«? Ja auch den, in*
*welchem wir sie abändern — as we go along.*
Idem, 83

Het voorgaande kan als centraal probleem voor de egyptoloog als volgt samengevat worden: De oude Egyptenaar had slechts één input van de eigen (culturele) werkelijkheid te verwerken, de egyptoloog stelt zich ten doel naast zijn eigen (culturele) werkelijkheid, op grond van lacuneuze data, ook vat te krijgen op een andere, nl. die van het oude Egypte.

Dit impliceert, dat wat men als de "werkelijkheid" achter de overgebleven data van de Oudegyptische cultuur poogt te vatten, vanuit een per definitie primair etisch, d.w.z. door onze eigen context bepaald standpunt, altijd een constructie[79] van ons is.

Alleen via taal kan men een dergelijke constructie maken. Dit kan echter in een taal die volgens verschillende regels werkt: men kan in de twintigste eeuw over de Oudegyptische cultuur als deel van de eigen werkelijkheid spreken in wetenschappelijke, esoterische, of romantische termen, al naar gelang het gekozen uitgangspunt en doelstelling. Hoewel men in alle drie de gevallen vele woorden zal gebruiken die formeel identiek zijn, zal de betekenis verschillen op grond van verschillende spelregels. Ook de oude Egyptenaar kon dit voor *zijn* werkelijkheid. Daarom noemde ik eerder,[80] sprekend over het gebrek aan wetmatigheden binnen de humaniora, de vrije menselijke wil letterlijk spelbreker, waarbij hij tegelijkertijd ook "spelmaker" is: door de regels te veranderen begint hij een ander "spel".

Het is de grote verdienste van Wittgensteins filosofie, zoals uiteengezet in zijn posthuum in 1953 gepubliceerde *Philosophische Untersuchungen*, dat zij ons er op wijst dat de mens alleen in staat is over de hem omringende werkelijkheid te spreken via verschillende "taalspelen"[81] met ieder hun eigen regels, uitgangspunten en omstandigheden. Dit brengt ons terug bij zijn op p. 16 geciteerde vroegere stelling. Resultaat is, dat er verschillende "waarheden" zijn, afhankelijk van het gebruikte taalspel, dat al dan niet bewust gekozen kan zijn. Men vindt een zeer heldere uiteenzetting van deze materie in hoofdstuk 1 van J.J. Oosten, *Magie & Rede*.

Ieder individu en, collectief gezien dus, iedere cultuur hanteert de werkelijkheid middels verschillende taalspelen. Deze kan men bijv. grofweg verdelen in een wetenschappelijk/religieus,[82] een materiëel-cultureel, een economisch en een sociaal taalspel, die alle verankerd zijn in het psychologische[83] taalspel. Zij bestaan niet strikt gescheiden en zijn nog weer in specifiekere onder te verdelen. Mutatis mutandis kan men dit natuurlijk ook laten gelden voor iconografie (= "beeldtaalspelen").

Uiteraard verschillen per cultuur de regels en de uitgangspunten. De kern nu van mijn betoog is de werkhypothese dat, gezien de complexiteit van de architectuur en het beeldprogramma, in een elitegrafcomplex, al dan niet bewust gekozen, segmenten van verschillende taalspelen, ieder met hun eigen regels, gelijktijdig potentieel aanwezig zijn. Een Egyptenaar kon dankzij zijn interne of emisch uitgangspunt deze —soms met elkaar in tegenspraak[84] zijnde— segmenten moeiteloos in samenhang, apart of alternerend interpreteren volgens de per segment benodigde set regels die hem bekend waren. De egyptoloog poogt echter zo veel mogelijk via één taalspel, nl. het op de Westerse logica gebaseerde wetenschappelijke, de regels van de feitelijk verschillende taalspelen in de elitegraven niet alleen te achterhalen, maar bovendien rechtlijnig tot één logisch consistent geheel te uniformeren.[85] De alleszins gerechtvaardigde vraag is of de Egyptenaar hetzelfde beoogde. Getuige de niet zelden sterk tegenstrijdige egyptologische interpretaties, zoals bijv. samengevat in Kesslers artikel, *Bedeutung*[86] (cf. fig. 3, 9) kan deze vraag m.i. slechts ontkennend beantwoord worden.

## 4.2. "SEHBILD"/"SINNBILD"

*Und wir dehnen unseren Begriff...aus, wie wir beim*
*Spinnen eines Fadens Faser an Faser drehen. Und die*
*Stärke des Fadens liegt nicht darin, dass irgend eine*
*Faser durch seine ganze Länge läuft, sondern darin, dass*
*viele Fasern einander übergreifen.*
Wittgenstein, Philospohische Untersuchungen, 67

Enige voorbeelden van de zojuist geconstateerde tegenstrijdige interpretaties spreken voor zich.

I. Zo interpreteert Junge de Ouderijks elitegraven als "woonhuis"[87] (dit geldt misschien voor meerkamergraven, maar hoe zit het met éénkamer gevallen, zoals Kessler terecht opmerkt?).[88] Volgens Junge is de decoratie voor alles een statussymbool,[89] terwijl Kessler, apodictisch concludeert dat de "...Alltagszenen,... primär, wie alle (RvW) anderen Grabbilder auch, die Aufgabe haben, den Grabherrn an dem magisch-religiösen Geschehen der Festverjüngung...nach königlichen Vorbild teilnehmen zu lassen".[90] Let wel dat hij zijn bewering doet op grond van drie grote graven[91] plus enige scènes in kleinere graven,[92] te zamen een handvol. Op grond van zijn analyse doet hij echter wel een uitspraak over *alle* scènes van het "dagelijkse leven", zonder aan de lezer enige rekenschap af te leggen om hoeveel scheepsscènes het gaat t.o.v. alle graven met scènes uit het "dagelijks leven": wel zeer vergaande inductie!

Antwoord op deze bepaald niet onbelangrijke vraag impliceert nl. meer dan de klinische vaststelling in zoveel gevallen wel, in zoveel niet. Onder de 273 graven die door de Leidse werkgroep zijn geïnventariseerd treft men bijv. slechts 8 scheepsbouwscènes aan, oftewel 3%! Onverlet Kesslers oprechte bedoelingen, kan men zich in gemoede afvragen of het marginale belang dat deze scènes kennelijk voor de Egyptenaren hadden wel strookt met de veelomvattende conclusies van Kessler. Zelfs "zeilschepen" (cf. fig. 3), het meest frequente subthema van het hoofd-thema "schepen", komen in slechts 35 graven voor, oftewel 12,8%.

Het mechanisme dat egyptologische interpretaties van de graf-iconografie steeds tonen is, dat men de al dan niet van inscripties voorziene afbeeldingen (vaak impliciet) opvat als representanten van één taalspel, meestal het religieuze. Men maakt hierbij tegelijkertijd een eenzijdige keus m.b.t. de vraag of alle scènes begrepen moeten worden als "Sehbild", d.w.z. als afspiegeling van de ooit bestaande werkelijk-heid, die, primair naar zichzelf verwijzend, (eventueel) naar het hiernamaals geprojecteerd moet worden, overeenkomstig de eerder genoemde egyptologische opvatting hieromtrent,[93] of als "Sinnbild", d.w.z. als symbolische of zinnebeeldige afbeeldingen, primair verwijzend naar (abstracte) conventioneel vastgelegde ideeën.[94]

II. Zo wordt de scène van de door zijn vrouw vergezelde, vissen harpoenerende eigenaar (fig. 11) door sommigen geïnterpreteerd als de seksuele vereniging tussen hun beiden als garantie voor zijn wedergeboorte in het hiernamaals.[95] Dit alles via een woordspel op het Egyptische *sti*, dat "schieten, spietsen" en "bevruchten" betekent.[96] Feucht merkt dan ook terecht op dat dit eventueel het geval zou kunnen zijn als altijd[97] een vrouw aanwezig zou zijn en dan bij voorbaat vóór de man.[98] Maar hoe past in deze "verklaring" het geval waar geen spoor van een vrouw is, zoals in de Leidse kapel (fig. 13), of waar een zoon voor de vader staand hem een harpoen aanreikt? (fig. 12) Is dit laatste

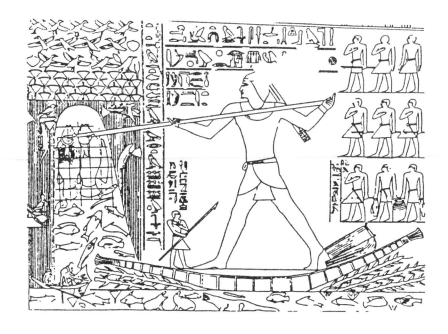

figuur 12. Wand in het graf van Pepianch Heneny, Meir.

een geval van vader-zoon incest?[99] Een dergelijk probleem kan egyptologisch (gelukkig?) omzeild worden door geen enkele aandacht aan de mensen te besteden, maar door naar de vissen te kijken. Uit veel later tijd en in geheel andere context blijkt de tilapia (bontbaars) een regeneratief symbool te zijn, aangezien de in de bek uitgebroede en daaruit zwemmende jonge vissen een schoolvoorbeeld van generatio spontanea lijken te zijn.[100] Wat lijkt eenvoudiger dan dat de eigenaar zich door deze vis te jagen zich zo van zijn regeneratie voorziet? Helaas is de andere vis een nijlbaars waarvan in het Oude Rijk geen enkele symbolische betekenis in deze context bekend is.[101] Bovendien verwijzen begeleidende teksten op geen enkele wijze naar een mogelijke dubbele betekenis.[102]

figuur 13. Wand in het graf van Hetepherachty, Leiden.

III. Dezelfde dubbelzinnige betekenis wordt toegekend aan de niet zelden met de voorgaande scène antithetisch verbonden jacht op vogels met een werphout via een woordspel met het woord *km3* (fig. 11).[103] Feucht merkt echter op dat, indien de scènes werkelijk samen zouden hangen, ook van de gevangen vogels regeneratieve symboliek bekend zou moeten zijn, doch deze ontbreekt.[104]

Het lijkt daarom verstandiger vooreerst uit te gaan van de reële werkelijkheidswaarde van dergelijke scènes, waarbij bovendien verschillende teksten het vermaaksaspect expliciet noemen.[105] Daarmee wordt een mogelijke metaforische meerwaarde niet ontkend, maar men gaat er niet bij voorbaat vanuit dat *alle* scènes van dit type noodzakelijkerwijs een seksuele c.q. regeneratieve connotatie hebben. Via de variatie in beeldopbouw m.b.t. de bijfiguren is het mogelijk het naar de reële existentie verwijzende hoofdthema "vissenspietsende" c.q. "met werphout vogels jagende grafeigenaar"[106] —met als uitgangspunt de potentieel aanwezige verschillende taalspelen— te nuanceren. Het volledig ontbreken van vrouwen (fig. 12-13) maakt het m.i. onzinnig om hierin toch een seksuele connotatie te willen lezen;[107] veeleer wordt hier het taalspel van de grafeigenaar als "sportieveling"[108] in de vader-zoon relatie weergegeven. Vergezeld door zijn vrouw, dochter(s), zoon(s), diena(a)r(en) en zelfs een broer[109] wordt echter de relatie als "pater familias"[110] uitgedrukt die uiteraard een seksuele relatie met zijn echtgenote impliceert. Versterking van dit element zou uitgedrukt kunnen worden door benadrukking van het vrouwelijke element: met vrouw alleen, of met meer vrouwspersonen. Met andere woorden, de varianten vertonen een mogelijke (nimmer tekstueel geëxpliciteerde) hetero-seksuele[111] connotatie die gradueel verloopt van afwezig tot (dominant) aanwezig. De grafeigenaar maakte met zijn keuze voor een variant duidelijk waar voor hem het (hoofd)accent lag.

De schijnbaar tegenstrijdige dichotomie in de hier gegeven interpretaties verdwijnt wanneer men zich realiseert dat vissen en vogels voedsel representeren. Van nature draagt de man/vader als hoofd van het huishouden de eerste verantwoordelijkheid hiervoor. *Hij* ging op jacht voor zijn hele gezin (in voorstellingen vertegenwoordigd door de beide geslachten). Voor de continuïteit echter diende hij zijn zo(o)n(s) te trainen (in voorstellingen uitgedrukt door (alleen) het mannelijk geslacht). Aangezien in Egypte het huishouden c.q. de familie de basis van de sociale ordening vormde, is het evident dat de genoemde basale functie van de man/vader[112] ideologisch onveranderd bleef, al voerde hij die, eenmaal tot de elite behorend, niet meer feitelijk zo uit. Het voor deze klasse niet langer noodzakelijk zijn van de jacht op het dagelijks voedsel, verleent vanzelf aan het toch beoefenen van deze bezigheid het eerder gesignaleerde "sportieve" en "recreatieve" karakter. Het feit dat de koning als een soort "supergezinshoofd"[112a] verantwoordelijk is voor het welzijn van alle Egyptenaren maakt het logisch dat deze voorstelling ook in koninklijke context voorkomt, waarbij het onthullend is dat in de oudste voorstelling[113] een vrouw voorkomt, wat duidelijk naar deze bredere huishoudelijke context verwijst. Men vergete evenmin de (zeer oude) familiale organisatie van verschillende godheden. Hoewel in de persoonlijke familiale context de functie van de koning identiek is aan die van de niet-koninklijke man, geeft juist zijn positie als koning aan deze scène een, niet alleen naar zichzelf verwijzende, zinnebeeldige meerwaarde: uitdrukking van het koningsambt, die per definitie ontbreekt in privé-graven.[114] Houdt men vast aan de, met name op Nieuwerijks voorstellingen gebaseerde,[115] seksuele connotatie, dan maakt men de methodologische fout een bepaalde inhoud van een late scène ongewijzigd te projecteren op weliswaar een formeel meer of minder identieke, maar in tijd veel vroegere.[116] Bovendien blijft de vraag open waarom in het Nieuwe Rijk deze scènes geheel uit de koningsiconografie verdwenen zijn.

Nog een ander en wel psychologisch aspect verdient vermelding. Bij het jagen met een harpoen of werphout speelt de individuele kundigheid een doorslaggevende rol: de jager vangt immers ieder dier afzonderlijk door persoonlijk te mikken en te raken. Het welslagen bij deze vormen van voedselvoorziening bouwt het ego meer op dan het collectief jagen met bijv. een zeshoekig net. Dit zou kunnen verklaren dat, op een enkele uitzondering na,[117] de grafeigenaar hier niet handelend aan deel neemt.

Kortom, de minst gezochte interpretatie van deze scènes is ze op te vatten als primair verwijzend naar de reële werkelijkheid. Dankzij het door Schäfer zo onweerlegbaar aangetoonde vermogen via "associatie van ideeën"[118] overtuigende voorstellingen op te bouwen —waarin zich echter (alle) elementen niet noodzakelijkerwijs fysiek in elkaars aanwezigheid bevonden tijdens de feitelijke handeling— worden wij in de verleiding gebracht ze toch visueel letterlijk te nemen en de voor *onze logica* daaruit voortvloeiende onwaarschijnlijke, zo niet onmogelijke, configuratie van figuren zinnebeeldig te interpreteren. Al of niet complete gezinnen in *nette* kleren in te kleine papyrusbootjes aan het "recreëren" bij vogel- c.q. visvangst met harpoen "kunnen" immers niet. Het instrument van de associatie van ideeën echter maakt de op de voorgaande pagina's voorgestelde interpretatie m.b.t. de familiale positie en verhoudingen van de grafeigenaar plausibel.[119] Ook het sportieve en/of recreatieve aspect wordt geenszins teniet gedaan door de nette "feestkleding". Het vermogen op een "speelse" wijze slechts voor een deel tot de voedselvoorziening bij te dragen is bij uitstek een teken van hoge maatschappelijke status, een status die juist onderstreept wordt door zich in nette kleding te laten afbeelden, ook al droeg men die bij de feitelijke handeling (natuurlijk?!) niet. Deze benadering sluit overigens geenszins een seksuele ondertoon uit, doch deze vormt een onderdeel van het complete scala van de via verschillende (beeld)taalspelen uitgezonden boodschappen in dergelijke scènes en is niet langer de enig acceptabele.

Tenslotte, regeneratie is voor iedereen van even veel belang, hoe valt het dan te verklaren dat Vandier in zijn *Manuel*, voor het Oude en Midden Rijk samen slechts 35 exemplaren van dit thema kent, waarvan 20 uit het Oude Rijk?[120] Ook dit thema onthult hierbij een grote mate van "misbaarheid". Dat de hier bekritiseerde interpretatie van deze voorstellingen ook voor de Egyptenaren zelf kennelijk zo diep verborgen was dat een onbedoeld misverstand hierover kon ontstaan, lijkt gesuggereerd te worden door het feit dat in de, dominant naar het hiernamaals verwijzende, graven van de 19-20ste dynastie deze voorstellingen geheel ontbreken.

De uit de voorbeelden duidelijk geworden problematiek rond de tegenstelling "Sehbild-Sinnbild" lijkt echter vernuftig opgelost te worden door Junker's uitspraak: "Alles ist Sinnbild und Wirklichkeit zugleich".[121] Is dit echt zo, en is daarmee alles gezegd?

Voor onze eigen cultuur zijn dergelijke uitspraken betrekkelijk makkelijk te controleren. Het motief van een man met een lam op zijn schouder in vroeg-christelijke catacomben, op sarcofagen of als rondplastiek is niet *een* herder, maar de Goede Herder, oftewel Christus, die voor de gelovige (het lam) zorgt, m.a.w. een primair symbool/Sinnbild.[122] Men bedenke overigens dat het lam c.q. schaap in de configuratie van de "Goede Herder" een totaal andere betekenis heeft dan het lam in van Eycks "Aanbidding van het Lam" op het altaarretabel in Gent, waar het nu voor Christus zelf staat, verwijzend naar zijn slachtofferrol.[123] Twee totaal verschillende vormen: mens-dier kunnen verwijzen naar dezelfde persoon, terwijl dezelfde vorm: lam/schaap naar twee verschillende personen kan verwijzen: Christus c.q. christen. Bewijs voor deze interpretaties wordt geleverd door een uit het christelijk milieu zelf afkomstige, ondubbelzinnig tot het religieuze taalspel behorende tekst, nl. de bijbel. Het is echter onzinnig daarom achter ieder lam/schaap in de (religieuze) schilderkunst een (religieus) symbolische betekenis te zoeken.

Is er een tekst in of buiten de elitegraven die ons vertelt hoe en of de Egyptenaar het motief van een man met een kalf op zijn rug, zoals afgebeeld in het graf van Ti (fig. 14), primair symbolisch zou kunnen interpreteren in plaats van het als onderdeel van een naar de reële existentie verwijzende veeoversteek te zien? Het bijschrift neemt m.i. iedere mogelijke twijfel weg. De eerste herder wordt aangesproken als: "O, jij schijtert,[124] laat deze kudde die uit de papyrusgronden uitgaat (voort)gaan".

figuur 14. Veeoversteek in het graf van Ti

Het fresco van Giulio Romano "De overwinning van Constantijn op Maxentius bij de Pons Milvius" (±1520)[125] stelt enerzijds een objectief historisch unieke gebeurtenis voor, maar tegelijkertijd symboliseert het de overwinning van het christendom over het heidendom: "Seh- en Sinnbild" gelijkelijk verenigd. Beide interpretaties worden door teksten bevestigd die behoren tot de taalspelen van de politieke en de kerkhistorie.

Davids schilderij van de in bad vermoorde Marat (1799),[126] symboliseert evenmin de overwinning van de revolutionaire als de contra-revolutionaire krachten tijdens de Franse Revolutie, maar is primair een afbeelding ter herinnering aan deze daad: Sehbild.

Samenvattend kan men slechts concluderen dat alleen teksten uit de cultuur zelf ondubbelzinnig aan kunnen geven of een afbeelding naar meer dan zichzelf verwijst. M.a.w. geen enkel Sinnbild kan zonder Sehbildelementen, in zoverre is Junkers opmerking waar, maar omgekeerd wel. Daarom is niet "Alles", zelfs in de beperkte context van

48

Ouderijks graven per definitie beide tegelijk. Te bepalen, of, waar en in welke *graad* het ene in het andere overgaat is essentieel voor een zuiver begrip van een complex gegeven als de beeldprogramma's van elitegraven.

Een eerste stap naar dit doel is het op p. 36 genoemde besef dat de werkelijkheid zeer complex is, voor de oude Egyptenaar niet minder dan voor ons, getuige de variëteit en complexiteit van de beeldprogramma's in de graven. Men kan en kon derhalve zeer gevarieerd over de werkelijkheid spreken —hetzij in woorden, afbeeldingen, of in beide.[127] Een citaat uit Oostens *Magie & Rede* vat dit glashelder samen: "Het hangt van de concrete situatie en van de bedoelingen van de spreker af, op welke aspecten van de werkelijkheid de nadruk valt en welke verwaarloosd worden als op dat moment irrelevant. Als iemand door Parijs wandelt kan hij nu eens letten op de zuiver esthetische aspecten van zijn omgeving, dan weer op de ouderdom van de gebouwen, de winkels, de metrostations of de contrasten die hij opmerkt. Als hij onder woorden wil brengen wat hij ziet, heeft hij steeds weer andere woorden nodig. Verschillende aspecten van dezelfde omgeving worden met behulp van verschillende taalspelen beschreven. Het heeft geen zin te beweren, dat één van deze taalspelen veruit het meest geschikt is om de werkelijkheid van Parijs te beschrijven".[128] Is het met de iconografie van een elitegraf anders?

## 4.3. LEVENSVORM

*Richtig und falsch ist, was Menschen* sagen; *und in der*
Sprache *stimmen die Menschen überein. Dies ist keine*
*Übereinstimmung der Meinungen, sondern der Lebensform.*
Wittgenstein, Philosophische Untersuchungen, 241

*Was die Menschen als Rechtfertigung gelten lassen,-*
*zeigt wie sie denken und leben.*
Idem, 325

De verzameling taalspelen die iemand gedurende zijn leven hanteert bepalen, wat Wittgenstein noemt, zijn "Lebensform", die enerzijds staat voor een manier van leven, anderzijds voor een manier van interpreteren van de wereld.[129] Deze is dus meer omvattend dan de eerder genoemde "Weltanschaaung". Hieruit volgt, in Oostens woorden, dit:"Ieder mens is uiteraard geneigd de wereld te beschrijven op grond van zijn eigen levensvorm, in termen van de taalspelen die hij gewend is te hanteren".[130] Wanneer een groep mensen het eens is over de "waarheid" van een aantal postulaten rond existentiële kwesties met de bijbehorende taalspelen is er sprake van een collectieve levensvorm, die gezien zijn existentiële aard daardoor sterk gekoppeld wordt aan de wereldbeschouwing.[131] Volgens Oosten: "...duidt het begrip"levensvorm"...niet in de eerste plaats op de wereldbeschouwing of op het emotionele gedrag, maar veeleer op het gecompliceerde *geheel* (*vet*: RvW),[132] waarvan beide deel uitmaken en dat tot uitdrukking komt in de manier waarop mensen leven, waartoe behoort hoe ze denken, spreken en zich gedragen".[133] Hiermee betreedt men het gebied van de mentaliteit(sgeschiedenis).[134]

De crux in de complexiteit van de elitegraven is dat men als egyptoloog zich zeer scherp bewust moet zijn van de bovengeschetste potentiële hiërarchische niveau's van de diverse taalspelen, welker combinatie en dosering de levensvorm van een elite (men herinnere zich

Englunds woorden)[135] representeert, inclusief—op zijn minst— een deel van hun levensbeschouwing. Wellicht ten overvloede zij er nog op gewezen dat een "levensbeschouwing" de op p. 21 onderscheiden sferen van "reële" (bijv. veeoversteek), "ideële" (bijv. noemen van goden in teksten) en "ideologische" (bijv. koning als verantwoordelijke voor Egypte) existentie omvat.

Een aantal aspecten moet men zich bij de hier verdedigde benadering voor ogen houden.

Ten eerste dient men te beseffen dat al deze verschillende manifestaties van de Oudegyptische werkelijkheidsverwerking wel potentieel gelijktijdig in één bouwwerk (kunnen) voorkomen, maar daarom nog niet alle ook gelijktijdig geactiveerd kunnen worden door een waarnemer. Wanneer een Egyptenaar een graf rechtstreeks op zijn expliciete religieuze inhoud benaderde, las hij de rituele teksten, met voorbijgaan aan voorstellingen van landbouw, veeoversteek etc.

Ten tweede maakt ons etisch uitgangspunt het per definitie moeilijk de verschillende geaardheid van deze manifestaties van meet af aan te onderscheiden.

Ten derde wordt het oog hebben voor een mogelijke pluriformiteit, die er zeker geweest moet zijn,[136] belemmerd. Dit komt enerzijds door de in onze cultuur schijnbaar zo evidente enkelvoudige functie van het graf als *markering* van de plaats waar de stoffelijke resten van een overledene zich bevinden, waarbij eventueel aanwezige vorm en teksten wel naar een religieuze overtuiging kunnen verwijzen,[137] maar waarvan het welzijn van de dode niet ritueel/cultisch afhangt. Anderzijds schijnt in Egypte de massa van op de grafeigenaar betrokken voorstellingen eveneens één aspect, namelijk de *cultische functie* ten koste van die als markering buitengewoon te benadrukken. Hierdoor komt de egyptoloog —reeds van nature geneigd één, nl. het wetenschappelijk, taalspel te hanteren— onbewust in de verleiding de interpretatie van het complexe fenomeen van het elitegraf slechts onder één noemer te vangen: een religieuze inhoud voor *alle* voorstellingen. Daarbij vraagt hij zich onvoldoende af of dat strookt met de Egyptische kijk hierop. Deze uniformistische neiging wordt gedeeltelijk verklaard en bovendien versterkt door het feit dat bepaalde groepen scènes inderdaad naar één referentiekader kunnen verwijzen. Dit kader betreft echter in eerste instantie de betreffende groep zelf, maar rechtvaardigt niet, ondanks de waarneembare verschillen, andere —zelfs naastgelegen— scènes ook zo te interpreteren, bijv. het regelmatig samen afgebeelde vis spietsen en jagen op vogels met een werphout. Doet men dit toch, dan krijgt men, zoals op p. 40ff. is getoond, tegenstrijdigheden en/of vergezochte redeneringen die Kesslers term "ägyptologische Fiktion"[138] rechtvaardigen.

Een laatste factor bij deze uniformistische interpretatiedrang is de stilzwijgende veronderstelling dat iemands gedrag correspondeert met zijn levensbeschouwing. Dit wordt eveneens door Oosten gesignaleerd wanneer hij Van Baaren, *Godsdienstige voorstellingen en gedrag* citeert,[139] die stelt "dat er een duidelijke ... discrepantie bestaat tussen de religieuze voorstellingen, ... en het gedrag van de ... gelovigen". Oosten adstrueert dit door een hier zeer toepasselijk citaat uit voornoemd artikel van Van Baaren m.b.t. het Oude Egypte[140]: "Zeker, het nijlpaard en de krokodil waren heilige dieren, maar dit heeft de Egyptenaren niet verhinderd deze lastige beesten totaal uit te roeien". De harde dagelijkse werkelijkheid heeft de Egyptenaar gedwongen tegenover de kwaadaardige krokodil het seculiere en dus praktische taalspel van de levensvorm van o.a. de herders te hanteren die voor een veilige veeoversteek moesten zorgen. Dat taalspel bestond niet alleen uit bezwerende teksten boven overstekende runderen en een krokodil,[141] maar blijkbaar ook uit daden, hoewel deze nooit zijn afgebeeld, zoals reeds op p. 25 is vastgesteld. Een krokodil in oversteekscènes als negatief element is echter geenszins in tegenspraak met de gelijktijdige positieve vermelding van de krokodillegod Sobek in de Pyramideteksten (nooit echter in graven). Deze laatste stamt immers uit het (koninklijk "gekleurde") religieuze taalspel. Als men nu maar niet elementen uit beide taalspelen en levensvormen tot één interpretatie voor krokodillen in elitegraven tot een "logisch geheel" probeert te combineren is er niets aan de hand. Nota bene, goden zijn nooit afgebeeld in graven, hooguit worden zij in titels van de eigenaar genoemd.

De voorbeelden tonen dat binnen de levensbeschouwelijke component van de levensvorm men onderscheid moet maken tussen wat men in de mentaliteitsgeschiedenis het "vertoog" en de "praktijk" noemt.[142] Deze kunnen (vrijwel) volledig samengaan, maar doen dit vaak niet. Hoewel wij deze tegenstrijdige speelruimte in onze cultuur makkelijk onderkennen en accepteren,[143] kunnen we dat voor een oudere cultuur moeilijker of zelfs nauwelijks, wat maar al te gemakkelijk kan leiden tot manipulatie van de grenzen van ons feitelijk weten volgens te uniformistische, reductionistische of fantastische verklaringsconstructies voor door ons geconstateerde "tegenspraken".[144]

Zoals op p. 50 gezegd zijn de beeldprogramma's van de onderhavige graven een exponent van de levensvorm van de elite van de Egyptische maatschappij. Is, of moet zo'n levensvorm en ermee samenhangende levensbeschouwing perse uniform zijn in zijn in schrijf- en beeldtaal gefixeerde expressie? Ook hierover doet Oosten een behartenswaardige uitspraak wanneer hij zegt: "Wereldbeschouwing en godsdienst pretenderen gewoonlijk wel, dat zij een levensvorm bepalen, maar, omdat ze zo abstract en vrijblijvend geformuleerd zijn, dat mensen met zeer uiteenlopende karakters en behoeften zich erin kunnen schikken, zijn ze in feite verenigbaar met verschillende levensvormen en met verschillende maatschappelijke ideologieën".[145] Hier zijn we precies terug bij mijn eerdere (p. 22) constatering dat de mens letterlijk spelbreker is. Dit komt overeen met het laatste citaat van Oosten: "Binnen de levensvorm worden de alternatieven[146] geformuleerd, waaruit individuen kunnen kiezen om aan hun eigen levensontwerp gestalte te geven" en "Iedere levensvorm heeft zijn eigen taalspelen, waaruit blijkt hoe de wereld beschreven wordt en welke begrippen daarbij een sleutelrol spelen".[147] Dit is geheel in overeenstemming met het sterke "keuzemoment", zoals dat geconstateerd kon worden bij de bespreking op p. 26ff. van de iconografische selectieprocesstructuur.

## 4.4. Van Theorie Naar Praktijk

Ein *Ideal der Genauigkeit ist nicht vorgesehen;*
*wir wissen nicht, was wir uns darunter vorstellen sollen -*
*es sei denn, du selbst setzt fest was so genannt werden soll.*
Wittgenstein, Philosophische Untersuchungen, 88

Het voorgaande betoog met een sterke accentuering van vooral de problemen en complexe aspecten die verbonden zijn aan een poging vanuit *onze* levensvorm de Oudegyptische te (re)construeren en te begrijpen is niet opgezet om de studie van elitegraven vanuit religieus of enig ander perspectief in ontreddering aan haar lot over te laten. Waar het om gaat is dat op de egyptologische bestudering van deze graven niet het verwijt van toepassing wordt dat K. Künstle de vroeg-christelijke kunstgeschiedenis maakte: "Nichts hat die christliche Kunstwissenschaft so sehr in Misskredit gebracht als die Sucht, aus allen figürlichen Darstellungen tiefsinnige Gedanken herauszulesen".[148]

Daarom neemt bij de aanpak van het Leidse onderzoek het op de vorige pagina gebruikte woord "sleutelrol" van een begrip, idee of voorstelling een centrale plaats in. Het impliceert immers de importantie hiervan voor het funeraire subject oftewel de grafeigenaar. De *graad* van importantie vindt men door te kijken naar de frequentie en/of intensiteit waarmee het subject zich dienaangaande uit in woord en/of afbeelding —men denke weer aan de scheepsbouw.[149] Wat wij bij onze analyse doen is zeer nauwgezet tellen en vergelijken van minutieuze details tot grotere thema's toe. Wat wij kiezen en tellen, c.q. in eerste instantie dus classificeren, vormt, zoals duidelijk zal zijn, de etische of externe benadering. De primaire, kwantitatieve resultaten zijn echter objectief en dus even geldig voor een Oude Egyptenaar als voor ons, bijvoorbeeld bij een uitgebreide analyse van de "visvangst met het sleepnet" (fig. 4, 9-10).[150]

Tot ieders verrassing bleken slechts 363 herkenbare vissen in de netten afgebeeld, waarvan er 259 als soort zeker determineerbaar zijn.[151] Op

54

273 graven betekent dit amper 1 als soort herkenbare vis per graf. Er zijn echter slechts 44 graven met deze scène en dit brengt het gemiddelde meteen op 5,9 per graf. Deze 44 graven vertegenwoordigen slechts 16% van het totaal. Dit betekent dat de scène voor het welzijn van de overleden grafeigenaar kennelijk niet dwingend noodzakelijk was. Nauwkeurige telling van alle sub- en hoofdthema's zal logischerwijs indicaties geven over hoe belangrijk welke scènes voor de oude Egyptenaar zelf waren. M.a.w. dergelijke percentages zijn a.h.w. de graadmeter van de individuele vrijheid van elke grafeigenaar en zij hebben niet meer alleen een etische waarde, want de *Egyptenaar* bepaalde de keuze.[152] Wij tellen slechts. Aangezien de meerderheid van deze scènes zich op de onderste helft van de muren bevindt zijn onze getallen zeer veel betrouwbaarder dan die voor scènes die veel hoger blijken voor te komen, zoals bijv. tuinbouwscènes. Met andere woorden, er bestaat geen fundamentele tegenstelling tussen het kwantitatieve en het kwalitatieve,[153] waardoor er een gedeeltelijke overgang kan plaats vinden van een etische vraagstelling en analysemethode naar een (waar mogelijk via teksten) emisch antwoord en synthese.

Afbeeldingen van de grafeigenaar plus naam en titels, meestal gezeten achter een offertafel, zijn per definitie noozakelijk om een graf te identificeren en een betekenisbasis te geven.[154] Daarnaast blijkt alleen het hoofdthema "offers", onderverdeeld in meerdere subthema's, met of zonder explicerende teksten 100%[155] aanwezig, hetgeen onthult dat kennelijk geen enkele overledene zich omissie van dit thema kon permitteren. Het was dus cultisch onmisbaar. Alle andere (sub)thema's zijn in verschillende graden vrij ter keuze. Als men hier goed bij stil staat, is het m.i. hoogst onwaarschijnlijk dat de betekenis, de functie en de verwijzing naar de (mogelijk verschillende) existentie(sferen) —gezien de veelheid van voorstellingen— voor de oude Egyptenaar uniform waren. Alleen in de voorstellingen van offers, d.w.z. in essentie de primaire voedselvoorziening zonder welke geen (aards) leven mogelijk is, vallen deze drie aspecten kennelijk voor alle grafeigenaren volledig samen, nl. het garanderen van voldoende voedsel voor de instandhouding van de ka, het vegetatieve aspect van zowel (met name) de levende als dode mens.[156]

Uiteraard kunnen alleen teksten van de cultuurdragers zelf min of meer ondubbelzinnige emische aspecten aan ons onthullen,[157] vandaar dat zij eveneens minitieus bij de iconografische analyse betrokken moeten worden.[158] Ook hier geeft de frequentie en de formele ontwikkeling het belang aan dat de Egyptenaar hechtte aan deze teksten. Wanneer de grafteksten of -voorstellingen meerdere bodems lijken te hebben, maar onvoldoende (ondubbelzinnig) interpretabel zijn, dan kunnen alleen andere teksten hierbuiten uitsluitsel geven over de meest waarschijnlijke *Egyptische* betekenis. Ontbreken ze, dan moet de egyptoloog —hoe onbevredigend dit ook is— afzien van apodictische uitspraken hieromtrent.

Terug naar de vissen in het net: de eerder genoemde 259 naar soort zekere vissen vertegenwoordigen 14 soorten,[159] oftewel 18,5 vissen per soort. Het meest onthullend in dit opzicht is niet dat de soort *mugil*, oftewel de harder, 49 keer voorkomt oftewel 18,9%, maar dat hij wat betreft de spreiding over Gizeh-Sakkara voorkomt in een verhouding van 6,1%:83,7% oftewel 1:13,7. Zelfs met de ernstigere graad van beschadiging in Gizeh is dit geen toeval. Dit objectieve feit demonstreert onweerlegbaar een verschil tussen Gizeh en Sakkara. De statistische significantie van dit onderscheid wordt hier gevonden door een detail in een veel grotere geheel, een significantie die minder overtuigend gevonden wordt bij een vergelijking van de spreiding van de hele scène over Gizeh en Sakkara. Deze verhoudt zich nl. als ongeveer 1:2. Significante verschillen tussen Gizeh en Sakkara zijn ook gevonden bij andere deelonderzoeken[160] en ook Harpur constateert herhaalde malen[161] een verschil. Het waarom en wat van dit verschil kan alleen door de Egyptenaar zelf beantwoord worden. De grote variatie aan soorten in het visnet in de elitegraven staat in schril contrast tot bijv. de resten van de zogenaamde "Jahreszeitreliefs" uit de zonnetempel van koning Nioeserre. Hier treft men uitsluitend harders aan, niet alleen in de sleepnetscène, maar ook elders.[162] Men had hier kennelijk andere bedoelingen dan in de elitegraven waar een "encyclopedische" inventarisatie van de in de Nijl voorkomende vissen voor de hand lijkt te liggen, al ontbreken bevestigende teksten hieromtrent. De enerzijds onnatuurlijk aandoende sterk symmetrische opbouw en de anderzijds realistische weergave in sommige graven doet sterk denken aan de rond 1600 in Holland in zwang zijnde bloemstillevens. Een beschrijving door Fuchs van zo'n stilleven van Boschaert (1573-1625) in zijn *Dutch painting*[163] is de moeite van het citeren waard: "The near symmetry of the composition reveals a formalism which is Mannerist in feeling...To a Mannerist taste such mysterious artefacts of Nature, evidence of the Creator as artist, were of special interest. Actually one can doubt the realist "intent"...if one examines the flowers closely: they bloom at different times. The bouquet, then, is an aesthetic construction, composed from illustrations in scientific flower-books rather than from actual observation...All natural beauty, however, will eventually decay: this sentiment of transience is part[164] of the picture's meaning". De afgebeelde vissen zullen ook nooit allemaal tegelijk op één plaats (en meestal in paren weergegeven) in enig net gevangen zijn. Wat ook de mogelijke zinnebeeldige betekenis ervan geweest mag zijn, de afbeeldingen zijn objectief genoeg om echte soorten te identificeren. Voor de rest kunnen we geen categorische uitspraken doen.

Hoewel onmiskenbaar functioneel in religie geworteld, blijkt naast de (cultisch) onmisbare kern van voorstellingen, een zeer grote vrijheid te bestaan. Deze uit zich niet alleen in de variatiebreedte en omvang van uitwisselbare thema's en subthema's, maar ook uit de nooit definitief tot simpel (fig. 5-7) of complex (fig. 8) gestandaardiseerde plattegronden van graven.[165] Van zeer bijzondere betekenis zijn de unieke of bijna unieke voorstellingen, waarin bijv. de besnijdenis wordt afgebeeld,[166] of waarin nauwe banden worden benadrukt tussen twee —het zij benadrukt— gehuwde, elkaar omarmende mannen,[167] respectievelijk tussen een man en zijn harpspelende vrouw op bed,[168] of een reeks klaagvrouwen waaronder zich enige zwangere bevinden.[169] Zulke gevallen suggereren op zijn minst een bepaalde onafhankelijkheid van het beeldprogramma dat voordien sociaal acceptabel[170] geacht werd. Deze uitzonderingen passen echter uitstekend bij en zijn een exponent van de levensvorm(en) van een elite die, als primaire drager en schepper van de officieel en algemeen geaccepteerde vormen en normen, juist en tegelijkertijd de eerst aangewezene is de hierbij horende regels om te vormen, waardoor de dynamiek die onmisbaar is voor de ontwikkeling van de verschillende culturele taalspelen gegarandeerd wordt.[171] Al met al blijken zo in een elitegraf meerdere taalspelen verenigd, waarvan het sociaal-economische, in de zin van status en rijkdom,[172] en het artistieke[173] hier vanwege de beschikbare ruimte weliswaar buiten beschouwing blijven, maar niet onderschat mogen worden. Hetzelfde geldt voor de verhouding tussen de iconografie in koningsgraven en elitegraven.[174] Met andere woorden, door het onderkennen van verschillende taalspelen en hun in de loop van de tijd zich in bouwvorm en iconografie manifesterende variabele expressie[175] is het onhoudbaar één monolithisch concept en/of zinnebeeldige interpretatie ten grondslag te leggen aan de elitegraven gedurende het Oude Rijk. Hiermee is tevens de op p. 17 gestelde vraag beantwoord.

# 5. CONCLUSIES

*Was wir liefern, sind eigentlich Bemerkungen zur*
*Naturgeschichte des Menschen; aber nicht kuriöse*
*Beiträge, sondern Feststellungen, an denen niemand*
*gezweifelt hat, und die dem Bemerktwerden nur entgehen,*
*weil sie ständig vor unsern Augen sind.*
Wittgenstein, Philosophische Untersuchungen, 41

*I know about the little spaniel. I know what the wheather was*
*like in Massachusetts on Wednesday March 7th 1620 (cold but*
*fair, with the wind in the east). I know the names of those who*
*died that winter and of those who did not. I know what you ate*
*and drank, how you furnished your houses, which of you were men*
*of conscience and application and which were not.*
*And I know, also, nothing. Because I cannot shed my skin and*
*put on yours, cannot strip my mind of its knowledge and its*
*prejudices, cannot look cleanly at the world with the eyes of a*
*child, am as imprisoned by my time as you were by yours.*
P. Lively, Moon Tiger, 31

Op dit punt gekomen kan het voorafgaande als volgt samengevat worden. Een nauwkeurige iconografische beschrijving en analyse à la Panofsky, gecombineerd met een scherpe en statistisch onderbouwde classificatie en met een open oog voor het "emisch"-"etisch" probleem, levert m.i. methodisch en theoretisch de beste garanties voor het bepalen van de mogelijk aanwezige (sub)taalspelen, hun gebruik, hun grenzen en hun individuele c.q. collectieve importantie als inhoud van complexe tekensystemen. Zo levert men tevens een bijdrage aan de cognitieve archeologie, die zich in een toenemende belangstelling mag verheugen.[176] Voor het elitegraf als geheel betekent dit, dat het qua *functie* uiteraard tot een primair religieus taalspel behoort, namelijk door zijn aard: een geconcretiseerde uiting van de mens omtrent zijn existentie in relatie tot het onbeheersbare fenomeen van de dood, zich uitend in de vorm van cultus in de breedste zin des woords[177] t.b.v. het funeraire subject. Een stellig primair religieuze *inhoud*, door teksten bevestigd (offerformules met verwijzingen naar goden als Osiris en Anubis), treft men in ieder geval aan in de scènes van de grafeigenaar in de context van de offercultus. De overige scènes *kunnen* een dergelijke inhoud gehad hebben, maar die is door ons niet (altijd) rechtstreeks en ondubbelzinnig aan te tonen. Wetenschappelijk doen wij er m.i. dan ook het beste aan, tot het tegendeel bewezen is, deze scènes te interpreteren als verwijzend naar de, in meerdere taalspelen uitgedrukte pluriforme, reële existentie, waarbij een groot, zo niet het grootste deel van de iconografie uitdrukking is van een verfijnde statusideologie die gefundeerd was in het concept van Ma`at(= "gerechtigheid") volgens de normen van het Oude Rijk.[178] Daarbij ligt het —tot het tegendeel overtuigend is aangetoond— vooralsnog voor de hand dat de kunst niet primair of uitsluitend een magisch middel was tot verlenging van het "hiermaals" tot in het "hiernamaals", maar veeleer een middel, via de cultus en dus de herinnering, de sociale inbedding, opnieuw in de breedste zin des woords,[179] van de overledene te continueren.[180]

Evident is dat de gevolgde methode tamelijk genadeloos de grenzen bloot legt van ons begrip wat een complex artefact als een elitegraf precies is en wat het voorstelt. Dit alles brengt onvermijdelijk een, uiteraard niet gezochte, maar toch noodzakelijke, interpretatieve bescheidenheid met zich mee op onze weg naar een zo correct mogelijk begrip van en voor de Oude Egyptenaar. Bescheidenheid was ook voor de Egyptenaar een deugd, zoals blijkt uit de "negatieve schuldbekentenis", Dodenboek, spreuk 125, waarin hij zich voor zijn zonden moest verantwoorden. Een van de 42 niet begane misstappen verwoordt hij aldus: "Ik ben niet opgeblazen geweest."[181] Hiernaar te streven is een tijdloze opdracht en zo worden het Oudegyptische religieuze en het moderne wetenschappelijk taalspel ondanks alles toch nog op voet van gelijkheid verbonden.[182]

60

# NOTEN

1. De grafkapel van Hetepherachty is geheel of gedeeltelijk gepubliceerd in Holwerda, *Beschreibung, I*; Mohr, *Hetep-her-akhti*; Klasens, *Kunst*, 20-21, fig. 14-20; Schneider, Raven, *Egyptische Oudheid*, 49-53. Die van Neferirtenef is integraal gepubliceerd in Van de Walle, *Neferirtenef.*

2. Harpur, *Decoration*, 282. Het betreft hier alleen de nog als zelfstandige entiteiten herkenbare graven over heel Egypte. Indien de nog door haar opgegeven fragmenten alle uit verschillende graven afkomstig zijn, zou het getal 750 (p. 284) kunnen luiden.

3. Het feit dat fig. 2 in Davies, *Ptahhetep*, pl. 21 slechts als overzichtsfiguur dient waarbij de hier genoemde details weggelaten zijn, terwijl zij wel aanwezig zijn in Paget, Pirie, *Ptah-hetep*, pl. 22-3 doet aan de geconstateerde complicatie niets af. Het is immers zeer goed denkbaar dat in het ene graf de contouren van het net in reliëf zijn uitgevoerd, waarbij de oorspronkelijk in verf uitgevoerde vogels verdwenen zijn, terwijl in een ander graf beide in reliëf zijn uitgevoerd en dus (beter) bewaard.

4. De term is door Mariette ingevoerd voor met name de in het Oude Rijk voorkomende bankvormige (=Ar. mastaba) grafgebouwen.

5. Men bedenke dat woorden als "groeve", "tombe", (laatste) "rustplaats" niet alle achter de genoemde negen kwalificaties van het woord "graf" geplaatst kunnen worden, vanwege subtiele nuance-verschillen, die gelegen zijn in het feit dat genoemde termen naar meer verwijzen dan naar de definitie die van "graf" in de tekst is gegeven: alle graven, tombes, groeven zijn wel (laatste) rustplaatsen, maar niet omgekeerd. Men vergelijke in het Engels "burial", "grave", "sepulchre", "tomb".

6. Men denke aan grafschennis.

7. In geval van een schijngraf of kenotaaf.

8. In het geval van een schijngraf zou men kunnen spreken van een "immateriële" of "ideële" (cf. p. 21ff.) door de cultuurdragers bedoelde aanwezigheid.

9. Men denke respectievelijk aan het "zuidgraf" van het grafcomplex van koning Djoser te Sakkara (religieus en politiek (?)) en aan de schijngraven van privépersonen langs de processieweg van de Osiristempel te Abydos. Cf. *LÄ*, 3, 387-391, s.v. "Kenotaph".

10. Namelijk *mr*: *WB*, 2, 94,14.

11. Voor de familierelatie tussen de twee grafbezitters, zie o.a. Moussa, Altenmüller, *Nianchchnum*, 22.

12. Alleen voor de pyramide in het *Oude Rijk* geldt dat de *vorm* gebruikt kan worden om vast te stellen of men met een koning of personen van koninklijke bloede heeft te doen in plaats van met privépersonen. De mastaba's van koning Sjepseskaf en koningin

Chentkawas bewijzen dat *deze* vorm niet doorslaggevend is om te bepalen dat men met koninklijke personen te doen heeft. Hetzelfde geldt voor het rotsgraf van Hetepheres III.

13. Opgevat als ieder voorwerp dat door de mens aangebrachte attributen vertoont; cf. Clarke, *Archaeology*, 489.

14. Cf. o.c., 88-101, m.n. 100. Zie ook *LÄ*, 3, 358-366, m.n. 358, s.v. "Kategorien"; Hodder, *Meanings*, 1-3.

15. Gemakshalve blijft hier buiten beschouwing dat, na de eerste golf van digitale displays (n.b. de modernisering annex internationalisering van het woordgebruik: een wijzerplaat is immers een contradictio in terminis voor dit type horloges) die per definitie op batterijen lopen, thans, naar uiterlijk, "ouderwetse" horloges met een analoge wijzerplaat beschikbaar zijn die toch op batterijen werken.

16. De steeds verfijndere stopwatches bij sportevenementen zijn hiervan de meest excessieve voorbeelden.

17. Zie Hodder, *Meanings*, m.n. 1-2; Panofsky, *Iconography*; Vovelle, *Mentaliteitsgeschiedenis*.

18. Zie Clarke, *Analytical Archaeology*, 23-30.

19. Zie voor uitvoerig commentaar op "archeologische feiten", Clarke, o.c., 13-19.

20. Van Walsem, *Mastaba project*, passim.

21. *LÄ*, 2, 829-30, s.v. "Grab", E-G; 3, 1214-1231, s.v. "Mastaba".

22. Dit in duidelijk onderscheid van het graf als simpele kuil of groeve, waarin de massa begraven werd.

23. Pyramidetekst 216b (editie Sethe, *PT*) is de oudste (koning Oenas, eind 5e dynastie) verwijzing naar het koningsgraf met deze term, waarbij het determinatief een "mastaba" toont. Het woord $i^c$, *WB*,1, 40,3 is slechts eenmaal in PT 616 (oudste variant in pyr. van Teti) als term voor het koningsgraf gebruikt en is daarmee later dan *is*. Het is niet ondenkbaar dat het woord *is* (*WB*, 1, 40,18-24) etymologisch verwant is met *ist*, "grenssteen" (*WB*, 1, 40,17), al komt dit pas na Unas in de PT voor. Het graf kan men immers opvatten als de monumentale "begrenzing" van twee existentiesferen (zie voor dit onderscheid p. 21ff.): die van de levenden en die van de doden. Hoe dan ook, *is* is in het Oude Rijk het meest neutrale woord voor "graf" (van de elite).

24. Bijvoorbeeld: een reliëf dat een grote figuur in een tweewielige door paarden getrokken wagen toont die inrijdt op een chaotische massa mensen, blijkt op grond van de teksten koning Ramses II tijdens de slag bij Kadesh voor te stellen.

25. Zie voor een uitvoerige uitzetting Panofsky, *Iconography*.

26. In het geval van n. 24 blijkt bijv. een grote specificatie aan gegevens, zoals exacte plaats, tijd, identificatie van personen etc. Deze is echter niet beperkt tot oorlogscènes op tempelwanden, maar blijkt *algemeen* voor te komen: in de taal (Nieuwegyptisch: meer dan ooit specifieke tijdsaanduidingen), in de literatuur (groot(ste) aantal genres, o.a. liefdespoëzie), beeldende kunst (bijv. grootste aantal typen beelden), religie (toename van het aantal "onderwereldboeken" in bijv. Ramessidische koningsgraven en uitingen van "persoonlijke vroomheid" buiten de officiële religieuze kanalen om). De algemene teneur is een openlijk sterker gevoel voor historisch, c.q. tijdsbesef en het individu dan ooit te voren.

27. Het volledig ontbreken van de naam van Panofsky in het artikel "Ikonographie" in *LÄ*, 3, 128-137 onderstreept de door Redford in zijn *Historiography*, 10-12 gesignaleerde "insularity" van de egyptologie nog weer eens.

28. W.Y. Adams, E.W. Adams, *Archaeological typology*, ix, xv-xviii, xxv. Ook hier is het opvallend dat het *LÄ*, geen lemma "Klassifikation" heeft opgenomen, zoals eveneens Frandsen opmerkt s.v. "Tabu", *LÄ*, 6, 137, n. 17, maar wel "Kategorien", cf. n. 14. Tenslotte dient men zich te realiseren dat wetenschappelijk classificeren feitelijk een afgeleide is van een onmisbare levensbehoefte, cf. de opmerkingen van Weeks, *Art*, 60 ff.; Kemp, *Ancient Egypt*, 1-3; Hodder, *Meanings*, 7-8.

29. Het geval van de zeshoekige vormen/vogelnetten op p. 4 demonstreerde al dat beschrijven en classificeren vloeiend in elkaar overgaan: de vogels in fig. 4 —op zich al weer een eigen klasse t.o.v. de overige afgebeelde zaken— maakten het mogelijk in beide gevallen (fig. 2 en 4) van zeshoekige *netten* (tegelijkertijd beschrijving en classificatie) te spreken, die tegelijkertijd een *interpretatie* met betrekking tot het afgebeelde *voorwerp* impliceert, maar daarmee nog niet de hele *scène* interpreteert. Het betreft hier dus een hiërarchie in *niveau's* van interpretatie. Zie bijv. ook Panofsky over de vaagheid tussen de door hem onderscheiden onderzoeksfasen, *Iconography*, 67.

30. Zuivere inductie of deductie komt in de wetenschappelijke *praktijk* niet voor, zie Adams, Adams, *Typology*, 60-61, 67, 281-282; Hodder, *Meanings*, 2, 6. Zie ook beneden p. 17.

31. Immers, zelfs het meest geavanceerde door hem gehanteerde rekenmodel is een constructie van hemzelf. Zie p. 22ff. voor verdere statistische aspecten.

32. Voor het Egyptische bewustzijn van deze materie, zie *LÄ*, 2, 479-483, s.v. "Gefährdungsbewusstsein".

33. Dit aspect komt ook nadrukkelijk naar voren in *LÄ*, 3, 260-1, s.v. "Jenseitsvorstellungen" (o.c. 252-268).

34. Men bedenke dat de Egyptenaren eveneens zeer geïnteresseerd waren in kosmologie en meer dan dat, zoals Englund terecht opmerkt in haar *Gods*, 8: "Egyptian theologians were first and foremost interested in cosmology...Actually it represented the thinking of

the elite...This does not correspond to what we...call religion. It embraces not only matters of faith but also philosophy, psychology, and theories about the functioning of the world and society...in a period when science, philosophy and religion were not yet separate activities taken over by different disciplines". Vergelijk ook Finnestad, *Religion*, 73-74.

35. Dit zelfde standpunt is ook ingenomen door Junge in *Sinn*, 47, ten aanzien van het (vrijwel) volledig anoniem blijven van (grote) kunstenaars in de Egyptische cultuur i.t.t. de onze.

36. Dit wil overigens niet zeggen dat de Egyptenaren wel tevreden geweest zouden zijn met een eenmaal geformuleerd idee omtrent de fundamentele vragen rond schepping, leven en dood. De ontwikkelingen bijv. van de Pyramideteksten en Onderwereldboeken in de koningsgraven bewijzen overtuigend het tegendeel. Men heeft echter nooit (aantoonbaar) technologie als hulpmiddel gebruikt of willen/kunnen(?) gebruiken om de eigen conclusies, noch die van anderen betreffende de fundamentele ontologische kwesties *experimenteel* te toetsen. Daarmee zijn hun kosmologieën niet verder gekomen dan zuiver *speculatieve* constructies, die overigens binnen hun denkkader zeer rationeel (=door uitsluitend redeneren zonder terugkoppeling naar de fysieke realiteit) zijn.

37. Cf. Hamlyn, *Westerse filosofie*, 14ff.

38. *LÄ*, 1, 474-488 s. v. "Aspektive"; 4, 987-88, s.v. "Perspektive". De oppositie tussen beide termen lijkt absoluter dan zij is, zoals overtuigend uiteengezet door Junge in *LÄ*, 3, 371-377, s.v. "Kausales Denken", respectievelijk Henfling, o.c., 5, 1133-1138, s.v. "Spekulatives Denken".

Het is niet zo dat de moderne mens *uitsluitend* perspectivisch/ causaal/rationeel denkt i.t.t. de "primitieve" mens die *uitsluitend* aspectief/mythisch/magisch zou denken. Het betreft veeleer een "polair continuüm" binnen *ieder* denksysteem waarin een van beide wisselend "dominant" is, zonder de ander geheel te elimineren. (Zeer verhelderend hierover zijn h. 5-6 van Oosten, *Rede en Magie*, p. 53-90). Wel is het zo, dat door de koppeling aan de "perspectivische pool" van het (herhaalbare) experiment (zie n. 36), de interpretaties van de geanalyseerde observaties a.h.w. in elkaar gevoegd worden tot één samenhangende gehiërarchiseerde "kennispyramide" die zó "objectief" is, dat zij een subject dat de gehanteerde denkregels *consequent* toepast, vrijwel dwingt een eerder afwijkend (en daardoor minstens deels foutief) standpunt te herzien. Met andere woorden de "denkrichting" is horizontaal *en* verticaal. De primair *speculatieve* deelinterpretaties, blijven echter als ongehiërarchiseerde "bakstenen" naast elkaar staan. Daardoor kan de kennisbasis alleen maar verder gehorizontaliseerd worden en niet geverticaliseerd.

39. Cf. n. 32, o.c., 479.

40. In veel culturen, lang niet in alle. De verbijsterende hoeveelheid reacties op het fenomeen dood, zoals besproken in Huntington, Metcalf, *Death*, toont aan dat alleen het *reageren* op de dood universeel is.

41. Uitingen over de verhouding tot de immateriële existentie, het op zijn minst dus onbeheersbare, zo niet onkenbare deel van de werkelijkheid, worden in de meeste Westerse talen samengevat onder het overkoepelende begrip "religie". Zij zijn daarmee "religieus". Volgens de gangbare etymologie zou dit afkomstig zijn van het Latijnse "religare", (ver)binden, met het accent op een niet-vrijblijvende verhouding tot dit deel van de existentie dat minstens één "goddelijke macht" herbergt. Het citaat uit Englund in n. 34, demonstreert dat dit begrip voor het Oude Egypte te eng is. Wanneer men verder bedenkt dat het Oudegyptisch geen woord voor "godsdienst", "religie", "geloof", "vroomheid", noch voor "geschiedenis" of "wetenschap" kent (cf. *WB*, 6, sub Geschichte, Glauben, Frommigkeit, Gottesdienst, Religion, Wissenschaft, woorden die niet opgenomen zijn), dan is het duidelijk dat dit *onze* termen zijn. Zie ook *LÄ*, 6, 1278-1279, s.v. "Wissenschaft".

42. Het Oudegyptisch kent wel een "dag van het leven"="levensdag", maar geen "leven van de dag"="dagelijks leven". In latere tijd kent men wel het begrip "levensweg", cf. *WB*, 6, sub "Leben".

43. Voor een parallelle voorstelling, cf. Wolf, *Kunst*, fig. 201. Ook hij rangschikt dergelijke taferelen onder het begrip humor.

44. Wellicht ten overvloede zij er op gewezen dat het ook hier (cf. n. 38) om een continuüm tussen twee polaire begrippen gaat die in de menselijke persoon verenigd zijn.

45. Het water van de Nijl is een object, de overstroming is de manifestatie van een kracht.

46. Het feit dat een houten wiel van een dijk van boven naar beneden rolt was voor de oude Egyptenaar niet "opvallend", waarschijnlijk omdat alles binnen zijn waarnemings-horizon van boven naar beneden beweegt. Een personificatie of godheid van de zwaartekracht was voor hem letterlijk ondenkbaar. Het jaarlijks stijgen van zwaar water (hout drijft immers) tegen diezelfde dijk op was wel "opvallend", afwijkend als het is van de normale gang van zaken. Pas Newton zag in dat het "onopvallende" evenzeer manifestatie van een kracht was. Een interessante vraag is bovendien of en hoe de Egyptenaren het verschijnsel eb en vloed in de Delta hebben geïnterpreteerd. De oorzaken van de uiterlijk identieke stijging van de waterstand in de (mondingen) van de Nijl zijn immers geheel verschillend van die van de overstroming. Het feit dat eb en vloed dagelijks en slechts zeer lokaal begrensd voorkomen, i.t.t. de overstroming die slechts een keer per jaar, maar dan wel over het hele land kwam, is mogelijk de reden dat de eerste niet en de laatste wel in de materiële bronnen voorkomen. Anderzijds is de getijdewerking in de Oostelijke Middellandse Zee (zeer) gering, zodat het hele fenomeen onopgemerkt gebleven kan zijn

47. Cf. *LÄ*, 3, 252-267, s.v. "Jenseitsvorstellungen" voor de verschillende zijnssferen waarvan de bronnen spreken.
   Het is eigenaardig te constateren, dat, wanneer men de meest wezenlijke eigenschappen van de oppositie leven-dood opvat als bewust versus (definitief) onbewust

(onderscheiden van slaap, bewusteloosheid, schijndood) existeren van de mens, de laatste vorm van existeren voor de mens kennelijk zo beangstigend en onacceptabel blijkt, dat hij niet zonder allerlei speculatieve constructies kan die toch op de een of andere manier een immaterieel bewust voortbestaan van (op zijn minst een deel van zijn) wezen stipuleren. De basis voor deze existentiële angst ligt in het empirisch vaststelbare *definitieve* karakter van het *niet meer* bewust (voort)bestaan in de *bekende* werkelijkheid. Men realiseert zich daarbij kennelijk niet, dat er geen enkel objectief gegeven beschikbaar is dat ook maar suggereert dat er enig verschil zou zijn tussen de *aard* van het *nog niet* bewust bestaan vóór de biologische existentie en het *niet meer* bewust bestaan hierná. De meest plausibele reden hiervoor is m.i. dat "nog niet" een te realiseren verwerkelijking van "iets" (de biologisch ervaarbare existentie) impliceert (=hoop biedt), terwijl "niet meer" dit uitsluit, waaruit men dan stilzwijgend concludeert dat het een verschil in aard betreft. Als echter t.o.v. een individu beide zijnssferen niet anders van elkaar verschillen dan dat ze via een biologische tussenfase van dat individu verbonden zijn, is het opvallend dat er over de ene sfeer (veel meer) complexe constructies bedacht zijn, dan over de andere. Vanuit zijn *ervaring* blijkt de mens beter in staat zich een voorstelling te kunnen maken van wat mogelijk volgt op niet meer leven, dan van wat voorafgaat aan nog niet leven —ook al is voor het eerste even weinig grond als voor het laatste.

48. Het substantief "materie" impliceert primair de *stoffelijkheid* van datgene waarnaar het adjectief "materieel" verwijst (verg. de tegenstelling tussen de materiële (=bezit etc.) en immateriële (=handelingen, ervaringen) kant van iemands bestaan). "Realiteit" verwijst naar de (objectieve) *bestaanbaarheid* (en dus per definitie primair naar het stoffelijke) van iets, maar sluit daarmee "immaterieel" niet buiten zijn semantisch veld (omdat men het woord "bestaan" in het voorbeeld kan vervangen door "realiteit"). Met andere woorden "realiteit" en "materie" kunnen een elkaar aanvullend paar vormen, waarbij het immateriële (bijv. een handeling=zichtbaar) of de abstractie ("liefde") wel ontastbaar (=immaterieel) blijven, maar niet ontkend worden. Omdat in de beeldende kunst per definitie geen abstracta zonder meer zijn weer te geven, staat in deze context het woord "realiteit" dan ook voor de stoffelijke (in de zin van tast-/zichtbare) aspecten.

"Irreëel" verwijst primair naar het *onbestaanbare* van iets, ongeacht of dit materieel of immaterieel is. "Irrealiteit" en het niet bestaande woord (wat al genoeg zegt) "immaterie" kunnen derhalve geen elkaar aanvullend paar vormen. Vandaar dat in het vervolg van de bespreking van het onderwerp "werkelijkheid" het adjectief "irreëel" onbruikbaar is.

49. Ook hier is de zaak complex. Men dient bijv. onderscheid te maken tussen de existentie reproducerende ideologie die bijv. tot uitdrukking komt in het groter dan natuurlijk afbeelden van de belangrijkste (al dan niet handelende) perso(o)n(en) en de existentie structurerende ideologie, die bijv. verwijst naar de bovenmenselijke, de vijanden overwinnende macht van de koning. De eerste betreft namelijk alleen "technische" ideeën die men heeft *hoe* het idee *dat* de koning per definitie onoverwinnelijk is kan worden weergegeven. Het kenmerkende nu van ideologische

voorstellingen is dat de het idee bekrachtigende elementen benadrukt worden, maar de het idee ontkennende of op zijn minst ondermijnende buiten beschouwing blijven. Voorbeelden van bekrachtiging zijn de houding, het (zeer) groot afbeelden van een persoon en/of het alleen verrichten van een handeling door die persoon, terwijl het ontkennende wordt uitgedrukt door simpele weglating: het eerste officiële reliëf van een verslagen Egyptische koning moet nog gevonden worden, evenals de afbeelding van een zieke grafeigenaar (zie *LÄ*, 1, 555-559, m.n. 555, s.v. "Aufzeichnungsbedürfnis und - meidung"). Dit is het wezenlijke verschil met de *reële* voorstellingen waar positief en negatief op zijn minst verenigd kunnen zijn (in het ene graf ziet men kerngezonde landarbeiders, in het andere mensen met allerlei fysieke gebreken). Op dit punt is men in reële voorstellingen kennelijk vrij, in ideologische (en ideële) niet. Anders geformuleerd: de reproducerende ideologie bepaalt niet de *inhoud* van de existentie structurerende ideologie, maar (de graad van adstructie van) de laatste bepaalt wel welke reproducerende middelen hoe worden gebruikt. De (boven)menselijke macht van de overwinnende koning kan bijv. uitgedrukt worden als: a) twee (vrijwel) even grote personen, waarvan één in onderworpen houding (Schäfer, *Principles*, pl. 8-9 (Narmerpalet), 11 (ivoren label Den)), b) koning groter dan en alleen, plus een groep van drie of vele personen (o.c., fig. 142, 239). De complexiteit van het grootteverschil wordt duidelijk wanneer men fig. 3 rechts onder vergelijkt met de koningsiconografie: de rij grote hoofden boven het boord van het schip drukt geen statusverschil (= ideologie) uit met de veel kleinere figuren bij de mast: ruimte is de beslissende factor.

50. Men denke bijv. aan het vignet van Dodenboek 125: in tegenwoordigheid van goden wordt het hart van een zelf aanwezige mens door een god gewogen tegen de struisveer die de godin Maät symboliseert.

50a. Hierop wordt ook gewezen in het *LÄ*, 1, 138, s.v. "Alltagswelt und Heilige Welt.

51. Het is hier niet nodig, noch de plaats om op de complexe filosofische problematiek van deze termen in te gaan, men zie daarvoor bijv. Chisholm, *Kennistheorie*, h. 3. In de onderhavige context wordt er onder verstaan, dat het voor een ieder, vakman of leek, direct duidelijk is dat een afbeelding (Schäfer, *Principles*, fig. 239) van de koning die *alleen* met de linker hand enige tientallen met bijlen gewapende vijanden bij het hoofdhaar grijpt en op het punt staat met de rechter, een knots vasthoudend, hun schedels in te slaan, niet anders *kan* zijn dan een ideologische scène. Daarentegen is het in het geval van bijv. de zeshoekige netten van fig. 2 en 4, zowel voor vakman als leek, op zijn hoogst *in*direct evident (cf. Chisholm, o.c., h. 4) te maken dat hier verwezen zou worden naar door de grafeigenaar beheersbaar te maken chaosmachten, door te verwijzen naar dergelijke symboliek van zowel vissen als vogels die pas sinds de Ramessidentijd bekend is; cf. Gamer-Wallert, *Fische*, 73-74.

52. Dit komt aan de orde in een in voorbereiding zijnde bundel artikelen van onderzoeksresultaten van de Leidse "mastaba"-werkgroep.

53. Zie Lindblad, *Statistiek*, 11-22 voor deze en andere fundamentele begrippen in de statistische analyse.

54. Zelfs als het mogelijk zou zijn de onderzoeker naar het Oude Rijk over te brengen, dan zou hij om twee redenen nog altijd met een deelpopulatie te maken hebben. Ten eerste: zou hij in de 5de dynastie terecht komen, dan zou zijn materiaal incompleet zijn, omdat nog lang niet het laatste elitegraf gebouwd was. Ten tweede: zou hij bij de bouw van het laatste elitegraf aanwezig zijn, dan zou zijn materiaal evenzeer incompleet zijn, omdat op dat moment al een onbekend aantal elitegraven (waaronder bijv. dat van de "Twee Broers", cf. Moussa, Altenmüller, *Grab*, 13ff.) gesloopt was en/of op zijn minst ontoegankelijk voor onderzoek.

55. Lindblad, o.c., 128-130.

56. N.B. niet noodzakelijkerwijs "voltooiing", daar allerlei factoren ertoe geleid kunnen hebben dat een elitegraf nimmer werd voltooid, bijv. dood, of uit de gratie raken van de eigenaar. Voor het vóórkomen van dit laatste, bij de aanvang van een carrière zeer onvoorspelbare en de existentie bedreigende, gebeuren, zie *LÄ*, 2, 480-481, s.v. "Gefährdungsbewusstsein".

57. Bewustzijn van de statistische *principes* die inherent zijn aan het te bestuderen materiaal is in de onderhavige context belangrijker dan een gedetailleerde discussie over statistische *procedures*. Schrijver dezes onderschrijft dan ook geheel de mening van Adams, Adams, *Typology*, 291: "Statistical methods are thus seen as an addition and a corrective to traditional classificatory practice rather than as heralding a radically new methodology" en 292: "First, statistical significance is a matter of degree" en "A second important consideration is that statistical tests do not reveal the *causes* of nonrandomness, the reasons why certain clusters of attributes regularly occur together" en dus "So far as the formulation of basic types is concerned, we would conclude with the general observation that while statistical *principles* are important, statistical *procedures* usually are not".

58. Voor de cultuurpsychologie, cf. Van Strien, Van Rappard, *Grondvragen*, 155. Ook Adams, Adams, *Typology*, besteden uitvoerig aandacht aan deze begrippen m.b.t. classificeren, zie hun index, 416, s.v. "emic" en "etic".

59. De termen zijn ontleend aan de cybernetica of algemene systeemtheorie die vanuit bepaalde invalshoeken een nuttig model en begrippenapparaat verschaft voor de analyse en beschrijving van in een cultuur actieve processen en mechanismen, zie Renfrew, Bahn, *Archaeology*, 421-2. Voor een uitvoeriger discussie van verschillende (problematische) aspecten door Chapman sinds de introductie door Clarke in de archeologische theorievorming, zie Clarke, *Archaeology*, 142 (n.4)-148.

60. Het is zeer opvallend dat er geen enkel voorbeeld is van een gewelddadige confrontatie tussen mens en krokodil, maar uitsluitend tussen krokodil en nijlpaard, cf. bijv. Harpur, *Decoration*, fig. 189, pl. 23, waarbij de eerste het onderspit delft. Een

verklaring dat de krokodil minder schadelijk of gevaarlijk zou zijn voor de mens dan voor een nijlpaard (o.c. fig. 190: halfgeboren nijlpaardjong wordt door krokodil bedreigd) wordt gelogensraft door een voor de mens schadelijke visetende krokodil (o.c., fig.192), maar meer nog door de voorstelling in het graf van Anchmahor waar een overstekende kudde koeien bedreigend wordt geflankeerd door krokodillen, terwijl bovendien een lange afweerspreuk hiertegen boven de scène is aangebracht (o.c., fig. 211). Zie verder p. 52.

61. Zoals op p. 35 ff. in een andere context nader uiteengezet, is het voor een juist begrip van eminent belang te beseffen dat op de "objectieve" werkelijkheid zowel de oude Egyptenaar als wij steekproefsgewijs (cf. p. 14) reageren en dat dit select gebeurde/t. De uitkomsten zijn echter wezenlijk verschillend, waaruit een scherp onderscheid blijkt tussen de Oudegyptische en onze *interpretatie* van de existentie.

62. Voor het omstreden bestaan van voorbeeldboeken, zie Kessler, *Bedeutung*, 61 met n. 11.

63. Zie n. 52.

64. Onmisbaar zijn scènes die gedurende de *hele* periode, of vanaf een *bepaald moment* waarop het onderzoek betrekking heeft in *alle* iconografische programma's voorkomen. Alle overige zijn misbaar, zie ook n. 71.

65. Niet van 1, omdat onafhankelijk van veel of weinig ruimte de noodzakelijke thema's minstens één keer opgenomen zullen worden, zoals de eigenaar staande of zittend, al dan niet achter een offertafel gezeten, cf. Harpur, *Decoration*, fig. 2, 4, 8-10, 14 etc.

66. Bijv. herhaling van het motief van n. 65.

67. Zie p. 23 en n. 56.

68. Zie p. 23, 25.

69. De Leidse grafkapel is een uitzondering.

70. Zie ook beneden de motto's op. 38.

71. De verschillende mogelijkheden van het al dan niet voorkomen van een (sub)thema per individueel graf zijn als volgt schematisch samen te vatten:

| FEITELIJKE WAARNEMING | | | | OORZAKEN VAN WAARNEMING |
|---|---|---|---|---|
| A  *on*beschadigd | *voltooid* | progr. | + | *be*wust aanwezig (= (on)misbaar)* |
| B  ,, | ,, | ,, | – | ,,  *af*wezig (= misbaar) |
| C  ,, | *onvoltooid* | ,, | + | *be*wust aanwezig (= (on)misb.) |
| D  ,, | ,, | ,, | – | 1. *be*wust *af*wezig (= misbaar) |
|  |  |  |  | 2. *"toeval"* (= (on)misbaar) |
| E  *be*schadigd | *incompleet* | ,, | + | *be*wust aanwezig (= (on)misbaar) |
| F  ,, | ,, | ,, | – | 1. *be*wust *af*wezig (= misbaar) |
|  |  |  |  | 2. *"toeval"* (=(on)misbaar)** |

* Slechts definitief vaststelbaar bij analyse van complete materiaal, zie n. 64.

** Het verschil "(on)beschadigd" tussen C-D en E-F is van meer dan alleen theoretisch belang. Hoewel *wij* in *beide* gevallen een incompleet beeldprogramma ter beschikking hebben, kunnen wij zo van de *on*beschadigde graven het percentage berekenen dat *zeker* bij de dood van de eigenaar alreeds incompleet was. Op grond hiervan zou men (zeer voorzichtig) kunnen schatten hoeveel van E-F oorspronkelijk tot C-D gerekend zou kunnen worden.

72. Zie p. 25, n. 59.

73. Cf. Clarke, *Archaeology*, 58-62.

74. Zie p. 13.

75. Sørensen, *Access*, 112-113.

76. Zie voor deze materie Kanawati, *Living*, m.n. 223-225.

77. Of in de woorden van Shanks en Tilly, in hun *Reconstructing Archaeology*, 104: "We can suggest that any interpretative account of the past moves within a circle, perhaps more accurately, a widening spiral, and involves changing or working theoretically upon that which is to be interpreted".

78. O.c., 20e druk, Groningen 1986, viii. Voor het in deze alinea gezegde, zie ook Peatfield, *Cognitive Aspects*, 149-150.

79. Cf. Peatfield, o.c., 151. In tegenstelling tot wat niet zelden over archeologie en/of cultuurgeschiedenis wordt beweerd, dat de *re*constructie van de culturele werkelijkheid het hoofddoel zou zijn, is het slechts mogelijk *artefacten* (letterlijk) te reconstrueren. Al onze verwoordingen van een culturele werkelijkheid waarbinnen zij functioneerden, zijn in strikte zin *con*structies omtrent een nooit meer te ervaren werkelijkheid. Cf. ook, Shanks, Tilly, *Archaeology*, xvii-xviii, 254, passim. Cf. ook het motto van 3.2.6, p. 25.

80. Zie p. 22.

81. Kemp gebruikt in *Ancient Egypt* eveneens de term "language-game" (cf. index, 352) waarbij onduidelijk is of hij de term aan Wittgenstein ontleend heeft.

82. Men bedenke dat in oude beschavingen wetenschap en religie niet of nauwelijks gescheiden waren. De in onze cultuur bestaande scheiding vindt zijn oorsprong in de Renaissance, waarbij het interessant is dat zelfs Newton nog meende dat de resultaten van de (natuur)wetenschappen in harmonie met de bijbel dienden te zijn, zie Richardson, *Bijbel*, 16; cf. ook Englund's citaat in n. 34.

83. De hier gegeven verdeling in taalspelen is niet van Wittgenstein, doch gerelateerd aan de subsystemen die Clarke in *Archaeology*, onderscheidt in zijn cultuursysteemmodel, o.c., 84, 101-131, fig. 15, 23. N.B. dat het op p. 84 genoemde linguïstische subsysteem in de verdere besprekingen niet voorkomt. Een mogelijke verklaring hiervoor zou kunnen

zijn dat Clarke taal buiten het studieveld van (strikte) archeologie vond vallen, tenzij het linguïstische en het psychologische subsysteem voor hem in de praktijk samenvielen, omdat voor de menselijke psyche taal immers onmisbaar is, terwijl het gebruik van de laatste (in hoge mate) bepaald wordt door de aard en toestand van de eerste.

Het eminente belang van (geschreven) taal voor de Egyptische archeologie wordt bijv. overtuigend aangetoond door Assmann, *Sprachbezug*, m.n. 81-85.

84. Men denke aan teksten als "Het gesprek tussen de levensmoede en zijn ba" en de "Harpenaarsliederen". Het is vooral opvallend dat de sceptische, zo niet agnostische kijk van de laatste op de funeraire gebruiken, met name voorkomt in *graven* waarvan het uiteindelijk nut immers wordt afgewezen, of op zijn minst sterk gerelativeerd. De materie is echter complex, cf. *LÄ*, 2, 972-982, s.v. "Harfnerlieder".

85. Kemp, *Ancient Egypt*, 100 impliceert hetzelfde wanneer hij naar aanleiding van de teksten op de Edfoe-tempel stelt: "These building texts are rich in language-game and symbolic geography, and incapable of resolution into a *single scheme of modern logical form*" (vet RvW). Cf. het citaat uit Oosten op p. 49.

86. *ZÄS*, 114 (1987), 59-88, m.n. 59-65.

87. Junge, *Sinn*, 57-58; een interpretatie die o.a. teruggaat op Scharff, *Das Grab als Wohnhaus in der ägyptischen Frühzeit* (1944/46), een interpretatie die Brinks in *LÄ*, 3, 1215, s.v. "Mastaba" met n. 12 handhaaft.

88. Kessler, *Bedeutung*, 64.

89. Junge, o.c., 56-57.

90. Kessler, o.c., 88.

91. Namelijk de graven van Ti (o.c., 66 enz.), Nianchchnoem en Chnoemhotep (id., 74 enz.) en Mereroeka (id., 67 enz.).

92. Bijv. dat van Kaiemanch, o.c., 64 enz.

93. Cf. p. 35 met n. 75.

94. Zie voor enige fundamentele kwesties, Kessler, o.c., 60-65.

95. Kessler, o.c., 65, n. 37, verwijzend naar Westendorf, *Bemerkungen*. Westendorf geeft echter wel toe dat dit type scènes de "hier vermuteten Nebensinn nicht immer gehabt hat", maar pas vanaf de vijfde dynastie dubbelzinnig is geworden, wanneer de "dode" (zie p. 36) niet langer toeschouwer is, maar actief deelneemt; o.c., 143, n. 22.

96. Feucht, *Fishing*, 159. Maar hoe zit het met de vrouw, heeft zij geen wedergeboorte nodig?

97. O.c., 160.

98. O.c., 164.

99. Wanneer men eenmaal tot een zinnebeeldige interpretatie van dit soort scènes is overgegaan, is dit geenszins een onmogelijke gedachte, zie bijv. de opmerking dienaangaande van Weeks, *Art*, 60 met n. 7. Blijft men echter bij de "gewone" interpretatie, dan is Feucht's opmerking (*Fishing*, 164) moeilijk te weerleggen: "Even if the sons accompanying their father with a throwstick [=equivalent van de harpoen in de zo dadelijk te bespreken vogeljacht met een werphout] are not actively taking part in the sporting game, they cannot be the product of the procreation. If that were the case, they certainly would not be holding the tool of reproduction or even use it themselves".

100. Feucht, o.c., 165 met n. 29.

101. Pas vanaf de Late Periode zijn er ondubbelzinnige aanwijzingen voor een speciale betekenis van de nijlbaars, cf. Gamer-Wallert, *Fische*, 129-130. Opvallend is verder dat de nijlbaars niet op scarabeeën, maar wel de tilapia als regeneratief symbool voorkomt, cf. Hornung, Staehelin, *Skarabäen*, 110-111.

102. O.c., 160.

103. Feucht, o.c., 158-159; Westendorf, *Bemerkungen*, 142; *LÄ* 6, 1052, s.v. "Vogelfang".

104. Feucht, o.c., 165. Ook Herb zegt in *BiOr*, 646: "Gerade für die Szenen des Alten Reiches bereitet ein bloss übertragene Sinngehalt bei der Interpretation der Wurfholzszenen erhebliche Schwierigkeiten".

105. Feucht, o.c., 165 ff.

106. Het kan niet genoeg benadrukt worden dat juist de *bijfiguren* (door hun kleinere afmetingen ondubbelzinnig gekarakteriseerd*), wier sociale en familiale positie door bijschriften geëxpliciteerd worden, de intermenselijke relatie van de handeling en daarmee van de handelende *hoofdpersoon* (minstens deels) onthullen.

* Slechts in een enkel geval zijn er geen of nauwelijks verschillen, bijv. Feucht, *Fishing*, fig. 5, een graf in de provincie.

107. Terecht wijst Feucht, o.c., 159, n.13, Kesslers oplossing voor het ontbreken van vrouwen af. Als men er namelijk vanuit gaat, dat de met het thema bekende Egyptenaar de ontbrekende figu(u)r(en) in gedachten aanvulde, is het hek van de dam. Men kan dan even goed stellen dat de Egyptenaren de —uit later tijd bekende— afbeeldingen van goden en de koning in het Oude Rijk reeds "in gedachte aanvulden". Bovendien moet de vraag nog steeds beantwoord worden *waarom* de ene keer wel een complete scène werd opgenomen en de andere keer niet. Ruimtegebrek is niet het antwoord: i.p.v. twee keer dezelfde zoon had in de Leidse kapel Hetepherachty's vrouw (zo hij die al gehad heeft — in de hele kapel komt zij niet voor!) makkelijk tussen zijn benen weergegeven kunnen worden zoals in fig. 11.

108. *LÄ*, 6, 1052, s.v. "Fogelfang" noemt dit een onbestrijdbaar aspect van dergelijke scènes. Zie ook Harpur, *Decoration*, 180-181, m.n. 131.

109. Feucht, o.c., 163 met fig. 7.

110. Cf. Kanawati, *Living*, 213-214 en *LÄ*, 6, 913, s.v. "Vater" voor de nauwe gezinsbanden.

111. Dit is immers de enige manier waarop de continuïteit van het leven, al dan niet in het hiernamaals, gegarandeerd kan worden.

112. *LÄ*, 2, 104-113, s.v. "Familie"; o.c., 6, 913-915, s.v. "Vater".

112a. Interessant is op te merken dat, weliswaar veel later, Ramses II letterlijk "echtgenoot van Egypte" wordt genoemd, *LÄ*, 1, 809 en n. 15, s.v. "Bildliche Ausdrücke..."

113. Vandier, *Manuel*, 4, fig. 399,2 afkomstig uit het grafcomplex van Sahoere, 5e dynastie. Het in o.c., 1, fig. 569 uit de tijd van Den stammende ivoren tabletfragment is te fragmentarisch om thematisch te identificeren: de in de rechter hand opgeheven harpoen is slechts gedeeltelijk bewaard.

114. Cf. Junge, *Sinn*, 51ff.

115. Bijv. Harpur, *Decoration*, pl. 17.

116. Kemp, *Ancient Egypt*, 89, vat dit probleem voortreffelijk samen: "We tend to work by trying to identify fossils of early beliefs embedded within later sources. Yet if we take this *easy* (vet RvW) course we run the risk of substituting for ancient language-game a modern scholarly game".

117. In het graf van Ti, zie Harpur, *Decoration*, fig. 76. In het graf van Nefermaat en Itet, o.c., fig. 170, komt de unieke scène voor waar Nefermaat alléén een dergelijk net bedient, terwijl in twee andere scènes in hetzelfde graf twee (o.c., fig. 168), resp. drie (id., fig. 171) zoons dit doen.

118. Schäfer, *Principles*, 160-162, 166, 193-195.

119. Cf. Kanawati, *Living*, 213: "As it is obviously unlikely that wives and children participated in these occupational activities, their existence in such pictures perhaps reflects the Egyptian's continuous desire to be inseparable from his family".

120. O.c., 4, 718-719.

121. Junker, *Gizâ*, 5, 73, geciteerd o.a. door Kessler, *Bedeutung*, 65.

122. Gough, *Christenen*, 66; pl. 9, 13, 14, 35.

123. Janson, *History of Art*, 358-359, fig. 463.

124. Het Eyptische *mhshs* is een d.m.v. het voorvoegsel *m* gesubstantiveerd intensivum van de enkelvoudige stam *hs* dat beschaafd gezegd "ontlasting" betekent, maar gezien de volkse contekst hier plat is vertaald. Edel, *Grammatik*, § 256 vat het —zonder nadere uitleg— als een passief op; cf. ook *LÄ*, 5, 634-638, s.v. "Schimpfwörter". De meest recente bespreking van deze scène en het bijschrift vindt men in Ritner, *Magical Practice*, 255 ff. en n. 1047. Zelfs al zou de tekst geen dialoog tussen de herders betreffen, maar toch een magische spreuk zijn tegen krokodillen tijdens het oversteken (zoals in de aangehaalde noot door Ogden is geopperd), die dan echter wel uniek is en sterk afwijkt van de gebruikelijke afweerspreuken —voor een uitvoerig voorbeeld, zie Ritner, o.c., 227— dan nog verwijst de afbeelding als zodanig primair naar de reële existentie van de herders die bij hun werk beroep doen op een segment van hun ideële existentie ter bevordering van het succes van hun onderneming. Dit ideële segment maakt daarmee nog niet de hele voorstelling tot een magische c.q. ideële. Evenmin is er enige aanwijzing die een allegorische opvatting rechtvaardigt.

125. Gombrich, *Norm*, fig. 162.

126. Janson, *History of Art*, fig. 737.

127. De functionele relatie afbeelding-bijschrift is complex. Waarom laat men bij een scène het bijschrift de ene keer weg (hoewel er ruimte voor is) en de andere keer niet; waarom komt de ene keer alleen een verklarend bijschrift voor, de andere keer alleen een dialoog, of nog een andere keer beide; waarom zijn bij de ene scène de bijschriften tamelijk uniform (landbouw) en bij andere niet (gevechten op papyrusboten); waarom heeft het ene bijschrift neiging uit te dijen, het andere niet; waarom blijven in het ene graf de bijfiguren anoniem en worden ze in het andere voorzien van naam en/of titel(s)[niet zelden secundair aangebracht]; speelden "kosten" een rol: geen bijschriften is "goedkoper", geschilderde zijn "goedkoper" dan gebeeldhouwde? Als hier al "regels" voor bestonden ontgaan die ons voorlopig nog. De keuzevrijheid (cf. p. 32) die men kennelijk had wordt door dit alles wel onderstreept. Cf. ook Assmann, *Sprachbezug*, 81-85.

128. Oosten, *Magie & Rede*, 7-8.

129. Oosten, o.c., 10.

130. Id., o.c., 12.

131. Id., cf. 92.

132. Cf. p. 39, n. 82-83.

133. Oosten, o.c., 93.

134. Cf. Vovelle, *Mentaliteitsgeschiedenis*, 32, "...de werkelijkheid directer in heel haar complexiteit, in haar totaliteit te benaderen".

135. Cf. p. 15, n. 34.

136. Zie ook Kemp, *Ancient Egypt*, 89, die terecht opmerkt: "The modern world recognizes that cultural expression appears at more than one level....We should be prepared in studying ancient societies to encounter the same plurality of expression".

137. Een markant voorbeeld van de schijn van deze enkelvoudige markeringsfunctie van het graf bij ons wordt geleverd door bijv. de oorlogskerkhoven van WO II. De op het eerste gezicht identieke kruisen zijn wel degelijk van elkaar onderscheiden door bijv. een davidsster: markering én uitdrukking van een bepaalde etnische identiteit, waarbij het overigens onduidelijk blijft of het betreffende individu een religieuze binding met deze groep had.

Tenslotte drukt de obelisk op het graf van Champollion in Père Lachaise —naast alle connotaties die dit teken op andere graven ten tijde van de Romantiek reeds bezat— meer dan wat ook zijn levenslange toewijding uit aan de cultuur vanwaar deze vorm afkomstig is. Dit wordt echter wel alleen door mensen begrepen die de "regels van het spel" kennen.

138. Kessler, *Bedeutung*, 88.

139. Oosten, *Magie & Rede*, 98.

140. L.c.

141. Cf. Harpur, *Decoration*, fig. 119-122, 211; Vandier, *Manuel*, 5, fig. 52, 62-65. Een gedetailleerde studie van dit subthema wordt voorbereid door drs. M. Marée als bijdrage in de in n. 52 genoemde bundel artikelen.

142. Cf. Vovelle, *Mentaliteitsgeschiedenis*, passim.

143. Op grond van het vertoog van de verkeersregels zelf, zouden "neerlandologen" van de verre toekomst licht de misplaatste indruk kunnen krijgen dat deze altijd toegepast werden en dat iedereen overtuigd was van het nut hiervan. Dat de praktijk anders was zal het archief van een willekeurig kantongerecht echter duidelijk kunnen maken.

144. Het probleem rond de grenzen en de gefundeerdheid van onze interpretatie —met name m.b.t. onze "fantasie" — van de Oudegyptische cultuur is door Kemp, *Ancient Egypt*, 4-5, niet alleen uitstekend verwoord, maar ook aanschouwelijk gemaakt op p. 104, fig. 38 van zijn boek. Robins, *Problems*, 53, n. 50 sluit zich hierbij aan, de volgende passage uit Kemp, o.c. citerend: "We can rethink ancient logic. But it creates an interesting pitfall, in that it is hard to know when to stop...We really have no way of knowing in the end if a set of scholarly guesses which might be quite true to the spirit of ancient thought and well informed of the available sources ever actually passed trough the minds of the ancients at all. Modern books and scholarly articles on ancient Egyptian religion are probably adding to the original body of thought as much as simply explaining it in modern western terms."

145. O.c. 98. Voor zichzelf sprekende voorbeelden hiervan binnen onze eigen cultuur zijn de problematiek rond anti-conceptie en euthanasie met name in de verschillende kerkelijke verbanden.

146. Men denke aan de op p. 39 aangestipte problematiek rond de "harpenaarsliederen".

147. Id. 91. "Hoe de wereld beschreven wordt" is uiteraard een alternatieve formulering voor hoe hij geclassificeerd wordt.

148. Idem, *Symbolik*, 77.

149. Zie p. 41. Andere voorbeelden bij de vogelvangst zijn de tien gevallen van een boomnet (o.a. in de kapellen van Hetepherachty in Leiden en Neferirtenef in Brussel), de twee gevallen van een beugelval en de unieke kwartelvangst; ook vogelbehuizingen komen slechts tien keer voor, cf. Herb, *BiOr*, 652.

150. De in het vervolg gebruikte gegevens zijn ontleend aan het voorlopige verslag van drs. P. Missler over dit thema: *Both fish and foul. Rapportage Mastaba-werkgroep. Visvangst-scènes met sleepnet*, 1991.

151. Een enquête onder 20 studenten tijdens een reeks gastcolleges aan de Katholieke Universiteit Leuven in het najaar van 1993 over deze materie, waarbij (onder vertoning van een voorbeeld en de mededeling dat lang niet ieder graf deze scène bezit) de vraag gesteld werd in ronde getallen te schatten hoeveel vissen er in totaal in de sleepnetscènes waren afgebeeld leverde de volgende resultaten op: 300 (1), 500 (2), 600 (1), 750 (1), 1000 (2), 1300 (1), 1600 (1), 2500 (1), 2600 (1), 3000 (4!), 3600 (1), 3696 (sic, 1), 5000 (2), 10000 (1). De verklaring voor deze hoge (>2500, 11x) getallen vindt m.i. zijn oorzaak in het feit dat in de literatuur zeer frequent dezelfde voorbeelden met zeer veel en goed bewaarde details afgebeeld worden (bijv. onze fig. 10).

152. Zie p. 26ff.

153. Zie de inleiding van Frijhoff op Vovelle, *Mentaliteitsgeschiedenis*, 11.

154. Men bedenke dat het "dodenmaal" tot de oudste en meest universele voorstellingen van het funeraire subject behoren, zie *LÄ*, 6, 677-679, s.v. "Totenmahl"; 711-726, s.v. "Toter am Opfertisch". Opvallend is dat op de stèles van zowel de vroegdynastische konings- als hun bijgraven te Abydos geen spoor van enig voedsel voorkomt; cf. o.c., 713.

155. De enige mij bekende mogelijke uitzondering zou het door Lepsius gedeeltelijk gepubliceerde graf van Fetekti tussen Aboesir en Sakkara zijn, Harpur, *Decoration*, 8. Zij merkt dan ook terecht op: "...so perhaps these scenes and the false door were originally in (or intended for) the inner room of the mastaba".

156. Cf. *LÄ*, 3, 275-282, s.v. "Ka" en Kanawati, *Living*, 223.

157. Cf. Robins, *Problems*, 53.

158. Voor enige voorlopige resultaten m.b.t. de dans- en muziekscènes, zie Van Walsem, *Mastaba Project*, 152-154. Een voorbeeld van een uitvoerige statistische tekstanalyse is bijv. Barta, *Komparative Untersuchungen*, 104-144.

159. In dezelfde enquête van n. 152 is gevraagd naar het aantal soorten vissen dat men dacht dat in de onderhavige scène zou voorkomen. De volgende antwoorden werden genoteerd: 4 (1), 6 (2), 7 (1), 9 (1), 10 (2), 11 (1), 12 (1), 14 (2), 15 (1), 18 (2), 20 (2), 27 (2), 30 (3).

160. Bijv. in de (voorlopige) analyse van dr. J.D. Wieringa: *Graanoogst. Onderzoeksverslag van de graanmaaiscènes in Oude-Rijks mastaba's van het Memphitische gebied in het kader van het Leidse Mastabaproject*, 1994.

161. Bijv. *Decoration*, 44, 47, 53, 54, 55, 56, 57 etc.

162. Edel, Wenig, *Jahreszeitenreliefs*, bijv. pl. 1, 13-16, 22.

163. O.c., 109, 110, fig. 85.

164. N.B. dat Fuchs dit niet ziet als dé (enige en) volledige betekenis.

165. Men moet dan ook uiterst terughoudend zijn tegenover de interpretatie van ruimten in complexe graven zoals Brinks die geeft in het *LÄ*, 3, 1214-1231, s.v. "mastaba". Harpur, *Decoration*, 108-110, besteedt hier dan ook terecht de nodige aandacht aan, waarbij de door ons geconstateerde vrijheid ook in dit verband zeer duidelijk aan de dag treedt.

166. Graf van Anchmahor, Lauer, *Saqqara*, pl. 50.

167. Graf van "de twee broers", Moussa, Altenmüller, *Nianchchnum*, pl. 72(=Lauer, o.c., pl. 142)-73, 90-91; bewijs dat zij gehuwd waren leveren pl. 4-5, 46-47 en 74.

168. Graf van Mereroeka, Lauer, o.c., pl. 36. Deze scène komt nog een keer elders voor in het graf van Pepi in Meir, Harpur, *Decoration*, 27,7. Dat hier sprake is van een seksuele connotatie is inderdaad voor de hand liggend, al zwijgen de teksten.

169. Graf van Anchmahor, o.c., pl. 54.

170. Cf. Hodder, *Meanings*, 4, 9.

171. Cf. o.c., 9: "Thus standardisation across many types may be especially common in relation to established authority. On the other hand...a greater security felt by individuals at the centre may allow greater eccentricities and variability".

172. In de zin van de fysieke omvang c.q. massa van het graf als architectonische entiteit, de kwaliteit van de reliëfs, frequentie van de eigen representatie, sociale inbedding die blijkt uit titelreeksen etc.

173. Hier opgevat in de zin zoals door Junge besproken in *Sinn*, 44-49: reproductietechniek en de verschillende fasen van stijl en vormgeving.

174. Het betreft opnieuw complexe materie waarover het laatste woord nog lang niet is gezegd, cf. bijv. Goedicke, *Verhältnis*; Feucht, *Fishing*.

175. Wat deze materie betreft verdient Oster, *Bedeutungswandel* genoemd te worden, al hanteert hij het onderscheid tussen Boven- en Benedenegyptisch funerair gedachtengoed als verklaringsfactor nogal rigide. Hij toont echter overtuigend langs verschillende lijnen: grafbouwvorm, iconografie en teksten, funeraire mentaliteitsveranderingen aan. De meest recente hierbij aansluitende studie is die van Metwally, *Grabdekoration*, die op p. 171 eveneens spreekt van "...interessante Veränderung in der geistigen Haltung der damaligen Ägypter".

176. Cf. Renfrew, Bahn, *Archaeology*, 339-370. Voor de godsdienstwetenschap vergelijke men bijv. Boyer, *Explaining* en de bundel waarin Englund's *Gods* is opgenomen.

177. Men bedenke dat in het Latijn dit woord in eerste instantie "bebouwen, verzorgen" betekent waarvan uiteindelijk de betekenis "verering" is afgeleid.

178. Zie Junge, *Sinn*, 57; Assmann, *Ma`at*, 92-109, m.n. 97. N.B. dat vele grafeigenaren "priester van Ma`at" zijn, o.a. Hetepherachty, Mohr, *Hetep-her-akhty*, 33-35. Zie ook Strudwick, *Administration*, 178-179.

179. Men denke aan de op p. 39 en in n. 83 besproken sociaal-culturele subsystemen zoals door Clarke onderscheiden.

180. Cf. Junge, o.c., 57ff.

181. Hornung, *Totenbuch*, 239, 98.

182. Na afronding van het manuscript pakte schrijver dezes bij toeval de al jaren (nog steeds ongelezen) in zijn boekenkast staande inaugurele rede van Boschloo, *De veelzeggende toeschouwer*, van de plank en sloeg de laatste pagina, 21, op. Het hier volgende citaat dat hij daar aantrof spreke voor zichzelf: "Om althans een eind in de goede richting te komen, is het noodzakelijk deze veelzijdigheid van ieder kunstwerk te onderkennen en zoveel mogelijk van de uiteenlopende factoren, die tot het ontstaan ervan hebben bijgedragen, te bestuderen. Dit vereist een interpretatie op verschillende niveaus. Eén duidelijk bepaalde en toch altijd begrensde methode is niet toereikend. Ik ben dan ook evenzeer tegen de stilistische als tegen de ikonografische, de ikonologische of de marxistische aanpak, wanneer deze als alles zalig makende methodes worden gepresenteerd. Dat niet velen met evenredig succes twee, drie of meer methodes kunnen hanteren spreekt wel vanzelf. Maar waar het om gaat is dat wij ons bewust zijn van de beperktheid van iedere, eenzijdige benadering. Bestudering van kunstwerken dwingt tot bescheidenheid".

BIBLIOGRAFIE

Adams, Adams, Typology: W.Y. Adams, E.W. Adams, *Archaeological typology and practical reality. A dialectical approach to artifact classification and sorting* (Cambridge 1991).

Assmann, Sprachbezug: J. Assmann, *Sprachbezug und Weltbezug, in id., Stein und Zeit. Mensch und Gesellschaft im alten Ägypten* (München 1991).

Idem, Ma`at: id., Ma`at. *Gerechtigkeit und Unsterblichkeit im alten Ägypten* (München 1990).

Barta, Untersuchungen: W. Barta, *Komparative Untersuchungen zu vier Unterweltsbüchern* (München 1989).

Boschloo, De veelzeggende toeschouwer: A.W.A. Boschloo, idem, *Rede uitgesproken bij de aanvaarding van het ambt van gewoon hoogleraar in de kunstgeschiedenis...* (Leiden 1976).

Boyer, Explaining: P. Boyer, 'Explaining religious ideas: elements of a cognitive approach', in: *Numen*, 39 (1992), 26-57.

CAJ: Cambridge Archaeological Journal.

Cherpion, Mastabas: N. Cherpion, *Mastabas et hypogées d'Ancien Empire. Le problème de la datation* (Bruxelles 1989).

Chisholm, Kennistheorie: R.M. Chisholm, *Kennistheorie* (Utrecht, Antwerpen 1968).

Clarke Archaeology: D.L. Clarke, *Analytical Archaeology*, (London 1978).

Davies, Ptahhetep: N. de G. Davies, *The mastaba of Ptahhetep and Akhethetep at Saqqara* (London 1900).

DE: Discussions in Egyptology.

Edel, Grammatik: E. Edel, *Altägyptische Grammatik* (Rome 1955-1964).

Edel, Wenig, Jahreszeitenreliefs: E. Edel, S. Wenig, *Die Jahreszeiten-reliefs aus dem Sonneheiligtum des Königs Ne-User-Re* (Berlin 1974).

Englund, Gods: G. Englund, 'Gods as a frame of reference, on thinking and concepts of thought in Ancient Egypt', in: G. Englund (ed.), *The religion of the ancient Egyptians, cognitive structures and popular expressions* (Uppsala 1987), 7-28.

Finnestad, Religion: R.B. Finnestad, 'Religion as a cultural phenomenon', in: *Englund*, 73-76.

Feucht, Fishing: E. Feucht, 'Fishing and fowling with the spear and the throw-stick reconsidered', in: U. Luft (ed.), *The intellectual heritage of Egypt*, (Budapest 1992), 157-169.

Fuchs, Dutch Painting: R.H. Fuchs, *Dutch painting* (London 1978).

Gamer-Wallert, Fische: I. Gamer-Wallert, *Fische und Fischkulte im alten Ägypten* (Wiesbaden 1970).

Goedicke, Verhältnis: H. Goedicke, 'Das Verhältnis zwischen königlichen und privaten Darstellungen im Alten Reich', *MDAIK*, 15 (1957), 57-67.

Gombrich, Norm: E.H. Gombrich, *Norm and Form. Studies in the art of the Renaissance* (London 1971).

Gough, Christenen: M. Gough, *De eerste Christenen*, (Zeist 1963).

Hamlyn, Filosofie: D.W. Hamlyn, *Westerse filosofie. Een geschiedenis van het denken* (Utrecht 1988).

Harpur, Decoration, Y. Harpur, *Decoration in Egyptian tombs of the Old Kingdom* (London, New York 1987).

Herb, BiOr; M. Herb, boekbespreking van O. Mahmoud, 'Die wirtschaftliche Bedeutung der Vögel im Alten Reich', in: *Bibliotheca Orientalis*, 50, 5/6, 1993, 643-654.

Hermans, Wittgenstein: W.F. Hermans, *Wittgenstein* (Amsterdam 1990).

Hodder, Meanings: I. Hodder, 'The contextual analysis of symbolic meanings', in.: idem (ed.), *The archaeology of contextual meanings* (Cambridge 1987), 1-10.

Holwerda, Beschreibung: A.E.J. Holwerda, P.A.A. Boeser, J.H. Holwerda, *Beschreibung der ägyptischen Sammlung des niederländischen Museums der Altertümer in Leiden. Die Denkmäler des Alten Reiches* (Haag 1908).

Hornung, Totenbuch: E. Hornung, *Das Totenbuch der Ägypter* (Zürich , München 1977).

Hornung, Staehelin: Sakarbäen: E. Hornung, E. Staehelin, *Skarabäen und andere Siegelamulette aus Basler Sammlungen* (Mainz 1976).

Huizinga, Herfsttij: J. Huizinga, *Herfsttij der Middeleeuwen* (Groningen 1986).

Huntington, Metcalf, Death: R. Huntington, P. Metcalf, *Celebrations of death. The anthropology of mortuary ritual* (Cambridge 1992).

Janson, History: H.W. Janson, *A history of art. A survey of the visual arts from the dawn of history to the present day* (London 1978).

Junge, Sinn: F. Junge, 'Vom Sinn der ägyptischen Kunst. Am Beispiel des Alten Reiches', in J. Assmann, G. Burkard, *5000 Jahre Ägypten. Genese und Permanenz pharaonischer Kunst* (Heidelberg 1983).

Junker, Gîza: H. Junker, *Gîza*, 5 (Leipzig, Wien 1941).

Kanawati, Living: N. Kanawati, 'The living and the dead in Old Kingdom tomb scenes', *SAK*, 9 (1981), 213-225.

Kemp, Ancient Egypt: B.J. Kemp, *Ancient Egypt. Anatomy of a civilisation* (London, New York 1989).

Kessler, Bedeutung: D. Kessler, 'Zur Bedeutung der Szenen des täglichen Lebens in den Privatgräbern (I): Die Szenen des Schiffbaues und der Schiffahrt', *ZÄS*, 114 (1987), 59-88.

Klasens, Kunst: A. Klasens, *Egyptische kunst uit de collectie van het Rijksmuseum van Oudheden te Leiden*, z.j., z.plaats.

Künstle Symbolik, K. Künstle, 'Symbolik und Ikonographie der christlichen Kunst. Zur Methodologie der christlichen Ikonographie', in: E. Kaemmerling (ed.), *Bildende Kunst als Zeichensystem, 1, Ikonographie und Ikonologie, Theorien, Entwicklung, Probleme* (Köln 1984).

LÄ: E. Otto, W. Helck, *Lexikon der Ägyptologie* (Wiesbaden 1975-1992).

Lauer, Saqqara: J.-P. Lauer, *Saqqara. The royal cemetery of Memphis* (London 1976).

Lindblad, Statistiek: J. T. Lindblad, *Statistiek voor historici* (Muiderberg 1984).

Lively, Moon Tiger: P. Lively, *Moon Tiger* (London 1988).

Metwally, Entwicklung: E. El-Metwally, *Entwicklung der Grab-dekoration in den altägyptischen Privatgräbern. Ikonographische Analyse der Totenkultdarstellungen von der Vorgeschichte bis zum Ende der 4. Dynastie* (Wiesbaden 1992).

Mohr, Hetep-her-akhti: H.T. Mohr, *The mastaba of Hetep-her-akhti. Study of an Egyptian tomb chapel in the Museum of Antiquities* (Leiden 1943).

Montet, Scènes; P. Montet, *Les scènes de la vie privée dans les tombeaux Égyptiens de l'Ancien Empire* (Strasbourg 1925).

Moussa, Altenmüller, Nianchchnum: A. Moussa, H. Altenmüller, *Das Grab des Nianchchnum und Cnumhotep* (Mainz am Rhein 1977).

Oosten, Magie: J.J. Oosten, *Magie en Rede, een onderzoek naar de invloed van magische denkwijzen binnen onze op het verstand georiënteerde cultuur* (Assen 1983).

Oster, Bedeutungswandel: H. Oster, *Der Bedeutungswandel des ägyptischen Privatgrabes bis zum Ende des Alten Reiches* (z.pl. 1963).

Paget, Pirie, Ptah-hetep: R.F.E. Paget, A.A. Pirie, *The tomb of Ptah-hetep* (London 1898).

Panofsky, Iconography: E. Panofsky, 'Iconography and iconology: an introduction to the study of Renaissance art', in: *Meaning in the visual arts* (Harmondsworth 1983), 51-67.

Peatfield, Cognitive aspects: A. Peatfield, 'Cognitive aspects of religious symbolism: an archaeologist's perspective', *CAJ*, 4,1 (1994), 149-155.

Redford, Historiography: D.B. Redford, 'The historiography of Ancient Egypt', in Weeks (ed.), *Egyptology and the social sciences* (Cairo 1979), 3-20.

Renfrew, Bahn, Archaeology: C. Renfrew, P. Bahn, *Archaeology. Theories Methods and Practice* (London 1991).

Richardson, Bijbel: A. Richardson, *Bijbel en moderne wetenschap* (Utrecht 1966).

Ritner, Magical practice: R.K. Ritner, *The mechanics of Egyptian magical practice* (Chicago 1993).

Robins, Problems: G. Robins, 'Problems in interpreting Egyptian art', in: *DE*, 17 (1990), 45-58.

SAK: Studien zur Altägyptischen Kultur, Hamburg.

Schäfer, Principles: H. Schäfer, *Principles of Egyptian art* (Oxford 1975).

Schneider, Raven, Egyptische oudheid: H.D. Schneider, M.J. Raven, *De Egyptische Oudheid* ('s Gravenhage 1981).

Shanks, Tilly, *Reconstructing Archaeology:* M. Shanks, C. Tilly, *Reconstructing archaeology. Theory and practice* (London 1992).

Sethe, PT: K. Sethe, *Die altägyptischen Pyramidentexte, 1-2* (Leipzig 1908-1910).

Sørensen, Introduction:J. P. Sørensen, 'Introduction', in: Englund (ed.) *The religion of the ancient Egyptians, cognitive structures and popular expressions* (Uppsala 1987), 3-6.

Idem, Access: Divine access: 'The so-called democratization of Egyptian funerary literature as a socio-cultural process', in: idem, 109-125.

Strien, van, Rappard, van, Grondvragen: P.J. van Strien, J.F.H. van Rappard, *Grondvragen van de psychologie. Een handboek theorie en grondslagen* (Assen/Maastricht 1990).

Strudwick, Administration: N. Strudwick, *The administration of Egypt in the Old Kingdom* (London 1985).

Vandier, Manuel: J. Vandier, *Manuel d'archéologie Égyptienne* (Paris, I (1952), IV-V (1964-1969)).

Vovelle, Mentaliteitsgeschiedenis: M. Vovelle, *Mentaliteitsgeschiedenis, essays over leef- en beeldwereld* (Nijmegen 1985).

Walle v.d., Neferirtenef; B. van de Walle, *La chapelle funéraire de Neferirtenef* (Bruxelles 1978).

Walsem, van, Mastaba project: R. van Walsem, 'The mastaba project at Leiden University', in: *Akten des vierten Ägyptologenkongresses München 1985*, 2, 143-154.

WB: A. Erman, H. Grapow, *Wörterbuch der Aegyptischen Sprache* (Leipzig/Berlin 1929-1971).

Weeks, Art: K. Weeks, 'Art, word and the Egyptian world view', in: K. Weeks (ed.), *Egyptology and the social sciences* (Cairo 1979), 59-81.

Westendorf, Bemerkungen: W. Westendorf, 'Bemerkungen zur "Kammer der Wiedergeburt" im Tutanchamungrab', *ZÄS*, 94 (1967), 139-150.

Wild, Ti: H. Wild, *Le tombeau de Ti*, 2 (Le Caire 1953).

Wittgenstein, Tractatus: L. Wittgenstein, *Tractatus logico-philosophicus, Tagebücher 1914-1916, Philosophische Untersuchungen* (Frankfurt am Main 1990).

Wolf, Kunst: W. Wolf, *Die Kunst Ägyptens, Gestalt und Geschichte* (Stuttgart 1957).

ZÄS: Zeitschrift für Ägyptische Sprache und Altertumskunde.

## Bronnen van de illustraties

(Met dank aan H. Altenmüller, Y. Harpur, P. Hopkins (KPI Londen) en H. Parkinson die geen bezwaar hadden tegen de overname van de volgende illustraties):

fig. 1, p. 11: naar Harpur, *Decoration*, fig. tegenover p. 1;
„ 2, p. 18: naar id., fig. 82;
„ 3, p. 19: naar „ „ 83;
„ 4, p. 20: naar Moussa, Altenmüller, *Nianchchnum*, fig. 10;
„ 5, p. 28: naar Harpur, o.c., plan 82;
„ 6, p. 28: naar id., plan 94;
„ 7, p. 29: naar „ „ 97;
„ 8, p. 30: naar „ „ 137;
„ 9, p. 33: naar „ fig. 174;
„ 10, p. 34: naar „ „ 100;
„ 11, p. 34: naar „ „ 70;
„ 12, p. 42: naar Feucht, Fishing, fig. 4;
„ 13, p. 43: naar Mohr, Hetep-her-akhti, fig. 34.
„ 14, p. 48: naar Wild, Ti, pl. 114.